K N O W   Y O U R   P O W E R

# 자신의 **숨겨진 힘을** 깨달아라

Know Your Power

# 자신의 숨겨진 힘을 깨달아라

KNOW YOUR POWER

이 땅의 모든 딸들에게

낸시 펠로시 지음
안명옥(17대 국회의원) 옮김

조윤커뮤니케이션

**자신의 숨겨진 힘을 깨달아라**
**– 이땅의 모든 딸들에게**

저자 | 낸시 펠로시
번역 | 안명옥
1판 1쇄 인쇄 | 2008년 12월 24일
1판 1쇄 발행 | 2008년 12월 25일

펴낸곳 | 조윤커뮤니케이션
펴낸이 | 안혜경
편집장 | 최몽순
주소 | 서울시 종로구 내수동 72번지 경희궁의 아침 2 - 1521
전화 | 02-730-8841 팩스 | 02-730-8814
출판등록 | 제2-3307호
등록일자 | 2001년 4월 13일

ISBN 978-89-91216-37-2 03840

값 14,000원

# 감사의 글

"메모, 메모, 메모를 하세요!" 윌리엄 모리스 에이전시의 회장 노먼 브로커우의 조언이다. 친구인 로즈 와이먼과 함께 처음 만나 점심 식사를 한 이후로 몇 년 동안이나 그는 내게 이런 충고를 계속했다. 내가 민주당 하원의 원내부대표가 되고 이후 대표가 되자 더욱 강력하게 요구했다. 나는 평소 메모를 하지 않는데 하원의장이 되고 나자 노먼이 다시 말했다. "메모를 하던 안 하던 자유지만 이제는 책을 써야 할 때입니다." 그런 이유로 나는 누구보다 먼저 노먼에게 우리의 오래된 우정과 진심어린 충고에 대해 감사의 말을 전하고 싶다.

나는 노먼이 그의 동료인 멜 버거를 소개해준 데 대해서도 깊이 감사한다. 멜 버거는 내가 글을 통해 전하려고 하는 메시지에 초점이 잡히도록 독려해 주었다. 나는 멜의 끝없는 관심과 문장력 그리고 솔직함에 감사한다. 멜은 나의 감독자였고 편집자였으며 친구가 되었다.

윌리엄 모리스 에이전시의 이사 제니퍼 루돌프 월시의 의견을 들을 수 있었던 것도 고마운 일이다. 돌보아야 할 어린 아이들이 있었음에도 열정적으로 일하며 성공한 엄마의 모습을 보여준 제니퍼의 의견은 나에게 특별히 소중했다.

필리스 그랜의 탁월한 지휘 하에 더블데이 출판사에서 이 책, "자신의 숨겨진 힘을 깨달아라"가 출판된 것이 얼마나 자랑스러운지 모른다. 필리스와 그의 출판사 동료들 모두가 전문가로서 해준 조언과 충고 및 교정에 대해서도 감사의 뜻을 전한다.

나의 오빠들인 토마스와 니콜라스를 포함해 나의 가족들에 대한 인터뷰를 시작으로 참을성을 갖고 좋은 출발을 하게 해 준 제임스 카플란에게도 고마움을 전한다. 그는 나의 정치계 동료이자 개인적으로도 가까운 존 버튼과 윌리 브라운에게는 샌프란시스코의 정책에 대해, 그리고 조지 밀러와 여성의원인 안나 에슈에게는 미국 의회에 대해, 그리고 리타 머레이 메이어에겐 트리니티 대학에 관해, 아울러 주디 레몬스에게는 프레시디오 전략에 대해 인터뷰를 했다.

책의 분량이 1천 쪽이 넘어선 안 된다는 필리스의 사려깊은 충고에 따라 에이미 힐 허스는 책을 간결하게 만드는 일을 도와주었다. 그녀와 일하는 것은 정말 즐거운 일이었다. 원고의 어떤 부분을 잘라내고 어떤 부분을 남겨야 할지에 대해 그녀의 지혜로운 의견을 듣는 것 자체가 보람있는 과정이었다. 그리고 남겨진 부분은 에이미의 세련된 솜씨 덕분에 더욱 좋은 문장이 되었다.

개인적으로는 부모님과 오빠들, 특히 어머니를 포함한 우리 달레산드로 가족 모두가 나를 너무도 사랑해 주었음에 감사한다. 그리고 내 인생이 이토록 충만할 수 있도록 도와주었고 미국 최초의 여성 하원의장이 되는 여정에서 가장 자랑스러운 자격이랄 수 있는 엄마, 아내, 할머니의 역할을 할 수 있었던 모든 고마움을 나의 가족들에게 전하고 싶다.

그것이야말로 내가 우리의 딸들에게 하고 싶은 말, 자신과 자신의 딸들이 메모를 하며 마음에 새겼으면 하는 메시지다.

# 서문

2007년 1월 4일. 나는 미국 역사상 최초의 여성 하원의장 - 미국 여성이 이루었던 가장 높은 지위의 선출직 - 으로서 취임선서를 했다.

하원의장이 된 것은 의미 있는 성취지만 난 이를 개인적인 승리라기보다 오히려 모든 여성들에게 매우 중요한 순간이라고 느꼈다.

내가 하원의장이 된 것은, 그리고 그날의 역사를 만든 것은 바로 우리 여성들이었다.

나는 하원의장이 되고자 계획을 세웠던 것은 아니다. 그러나 내 인생의 항로에서 나를 이 시간에 이 자리로 인도한 길이 있었고 기회가 있었으며 선택이 있었다.

이 책을 통해 나는 나의 이야기와 인생행로에서의 교훈들을 함께 나누고 싶다. 그 중에는 다른 여성들의 아낌없는 나눔 덕분에 결국 내 길이 힘에 이르도록 한 교훈들이 있다. 나머지는 내가 부모님에게 배운 것이거나 또는 훌륭한 남편의 아내로서 그리고 다섯 아이의 엄마로서 이젠 일곱 아이의 할머니로서 얻은 교훈들이다. 이 책에는 인생이 종종 그러하듯 사사로운 얘기들과 공적인 것들이 섞여있다.

여성과 소녀들이 나의 통찰력과 충고를 기대하며 다가올 때마다, 나는 깨달음과 깊은 감동을 받는다. 이 책에서 나는 그러한 질문들에 대해 영감과 더불어 좀더 현실적인 방식으로 답을 줄 수 있기를 바란다. 이땅의 모든 딸들에게 나 자신과 나의 믿음, 그리고 내가 이 길을 걸어오면서 다른 이들이 가르쳐준 지혜에 대해 마치 곁에서 다정하게 이야기하듯이 말하고 싶다.

가족을 보살피는 일은 힘든 일이다. 내가 엄마와 주부로서 얻었던 지혜가 얼마나 귀중한 경험인지를 여성들이 알았으면 좋겠다. 대부분의 경우 이런 지혜가 평가절하 되지만 미국 의회를 포함한 인생의 다른 많은 영역에도 바로 적용될 수 있다.

많은 여성들이 내가 선배 여성들로부터 배웠던 것처럼 나에게 무언가 배울 수 있다면 그것은 하원의장이 된 영광을 넘어 더욱 크나큰 영광이라 하겠다. 부디 내 인생의 경험들이 여러분 자신의 능력을 깨닫고 확인하는데 도움이 되길 바라마지 않는다.

워싱턴에서 낸시 펠로시

# 역자 서문

"힘을 기르시오" 도산 안창호 선생의 말씀이 내게 다가온 것은 초등학교 시절. 독서광이었던 내가 어느 날 읽었던 책에서 지금까지도 생생하게 기억하고 있는 말씀이다. 안창호 선생의 이 말씀은 일생 내 안에 깊이 간직되어 있다. 어린 소녀일 때 이 말씀은 힘이란 근육을 쓰는 완력이 아니라 '실력'이란 생각으로 나를 자극하곤 했다. "그래, 도산 안창호 선생께서 말씀하신 힘은 실력을 기르라는 이야기야." 나와 같은 안씨 성을 가진 것만으로도 자랑스러웠던 안창호 선생의 말씀은 항상 나를 격려해 주곤 했다. 실력이란 공부를 열심히 하는 데만 있지는 않다. 모든 분야에 꽉 찬 지혜로 무장된 실력을 갖고 있으면 언제나 준비되어 있을 수밖에 없고 어떤 일을 하던지 두려울 것 없는 자신감과 자긍심으로 신중하게 일을 처리하게 된다. 또한 실력이란 끝없이 연마하는 것임을 잘 알고 있기 때문에 자신이 모든 것을 다 알 수는 없다는 기본적인 겸손과 경외감도 갖게 된다.

낸시 펠로시 의장의 자서전 "자신의 숨겨진 힘을 깨달아라(원제 : Know Your Power)"는 자신에게 내재되어 있는 무한한 힘, 실력, 잠재력, 더 나아가 카리스마까지도 깨달아야 한다는 메시지로 나에게 다가왔다. 처음 그 제목을 안 순간 나의 짜릿한 감동은 어떤 언어로도 표현할 수 없었다. 내 평생, 그리 알고 살아온 도산 안창호 선생님의 힘이 바로 연상되었다. "그래, 이 책은 운명적으로 내가 만날 수밖에 없고 내가 꼭 번역을 해야 하는 책이다." 제목을 듣는 순간 결정하였다.

샌프란시스코는 내가 어렸을 때부터 가장 좋아하던 성인 프란치스코를 연상시키는 도시이다. 그 도시를 대표하는 연방 하원의원인 낸시 펠로시 의장은 내가 미국에서 유학생활을 하던 때에 최초로 당선됐고, 당시 지역신문을 통해 최초의 부녀(父女) 하원의원으로 회자된 분으로 기억하고 있다.

그 낸시 펠로시 의원이 미국 최초의 하원의장(상원의장은 부통령이 자동적으로 맡으므로 미국 의회의 의장은 하원의장이다)이 되었다는 사실을 나는 17대 국회의원 당시인 2007년에 알았다. 역사적 사실임에는 틀림없었지만. 나도 바쁜 일상생활에 묶여 더 이상 깊이 알려는 노력을 하지 않았다.

2008년 아름다운 가을 어느날, 최몽순 편집장께서 올해 낸시 펠로시의 자서전이 미국에서 발간되었는데 내가 적격자로 생각된다고 한번 번역해 볼 의사가 있는지를 문의해 왔다. 내가 여성이며, 17대 국회의원을 지냈고, 미국에서 상당 기간 학문과 생활을 한 사람이고 낸시 펠로시 하원의장과 같이 가톨릭이 모태신앙이어서 나보다 더한 적격자가 없다는 대단한 격려의 말씀이었다. 제목이 "Know Your Power"라는 말을 듣자마자, 나는 이내 마음의 결정을 하였다. 보통은 돌다리도 두들겨보고 건너는 신중한 내가 원저를 읽어보지도 않고 두 번 생각도 없이 바로 결정을 한 것은 처음 있는 일이었다. 그런데 그리 되었다. 우선 원저가 보고 싶어 바로 보내 주시라 말씀드렸고 만사를 제치고 이 일이 내 일과의 최우선 순위가 되어 버렸다. 내 결정은 아주 훌륭한 결정이었다. 번역하지 않으면 안 되는 책, 이 땅의 모든 딸들, 여성들에게 영감과 열정을 불러일으킬 수 있는 책, 정치인들과 정치를 고민하는 많은 분들과 정치지망생들에게는 맑고 신념 있는 정치가 무엇인지 다시 한번 생각하게 하는 책이다. 사랑하는 딸이 있는 아버지에게는 아빠의 사랑과 격려를 전달할 수 있는 책.

한국의 풍토에서 여성의 삶이 얼마나 혹독한지, 그럼에도 불구하고 한국의 여성이 얼마나 총명하고 지혜로우며 대한민국의 대단한 자원인지를 나는 매 순간 절실하게 느끼고 산다. 내 삶의 여정에서 다양한 여성의 삶을 똑똑히 보며 지내온 나는 같은 시대를 살아온 푸른 눈을 가진, 훌륭한 외국 여성지도자의 삶의 궤적을 돌아보며 다시금 힘을 얻는다. 딸로서 부모님의 사랑을 듬뿍 받으며 살던 어느 날, 아내가 되었다. 또 엄마로서의 삶은 또 하나의 사랑과 인고의 체험이다. 한집안의 살림을 엄마로서 주부로서 매일의 혼돈과 예기치 못한 위기 상황들을 정리하면서 사랑으로 가족을 돌보며 사는 데는 얼마나 발빠르고 현명한 위기관리능력이 필요한지 잘 알고 있다. 나는 삶을 굽이굽이 지내오며 인생을 불꽃처럼 살아왔다고 감히 말하고 싶다. 그리고 그 삶을 살며 때로는 기쁨과 행복 속에, 때로는 처절한 고통의 순간들을 이겨내며 삶의 정수를 느낄 수 있었던 여성임에 감사한다. 또한 정직과 신뢰를 무기로 무결점주의를 지향하는 의사, 학자, 전문가의 삶은 나의 인생을 풍요롭게 해주었다. 미국사회에서 소수 인종과 여성으로서의 삶, 또한 값진 경험이었다. 기득권 누리는 상황에서만 살았더라면 끝내 모르고 지나칠 인생의 지혜들을 55년간의 삶에서 터득하게 된 나는 큰 축복을 누린 사람이다. 이 과정에는 다양한 상황과 나 아닌 다른 사람의 삶에 대한 이해도 있다. 이러한 경험이 17대 국회의원으로서의 삶과 활동에 밑거름이 되었다.

삶에 대한 올곧은 신념을 가진 지혜로운 여성의 삶의 궤적을 펠로시 의장 자신의 글로 보는 일은 정말 즐거운 작업이었다. 때로는 그 재치에 놀라고, 그 용기에 감탄하며 번역하는 내내 혼자 신나했다. 이러한 다시없는 기회를 주신 조윤 커뮤니케이션의 안혜경 대표님, 최몽순 편집장님께 진심으로 감사드린다. 또한 존경하고 사랑하는 내 인생의 동반자, 길정우 박사께도 진정한 사랑을 전하고 싶다. 정치학자이며 워싱턴의 외교관 생활을 통해 미국의회 제도를 잘 이해하고 있는 남편의 도움과 격려가 이 책을 마무리 하는데 큰 힘이 되었다.

1983년 이래 샌프란시스코 땅을 밟으며 내가 가장 존경하고 좋아하는 프란치스코 성인(그래서 내 첫아들의 영세명이 프란치스코이다)의 이름을 딴 도시에 왔다고 그저 기뻐했던 곳이 샌프란시스코이다. 그로부터 25년 후 펠로시 의장의 책을 통해 놀랍게도 평생 나의 기도인 프란치스코 성인의 '평화의 기도'가 샌프란시스코의 시가(市歌)임을 이번에 알게 되었다. 그 곳을 대표하는 정치인이며 미국 역사상 최초의 여성 하원의장의 자서전을 번역하게 된 이 축복을 주신 하느님께 감사드린다.

또한 현명하고 뛰어난 대한민국의 딸들이 이 책을 통해 자신이 가진 무한한 잠재력을 깨닫고, 그 힘을 꾸준히 실력으로 배양하여 대한민국의 무궁한 발전에 힘을 보태며 자신의 행복한 삶을 누리길 진심으로 바란다.

2008년 11월 22일

세실리아, 나의 본명 축일에

역자 안명옥

| 목차 |

| 2부 |

# 주방에서 의회로



| 3부 |

# 자신의 숨겨진 힘을 깨달아라

# KNOW YOUR POWER

| 1부 |

# 뿌리와 날개

ROOTS AND WINGS

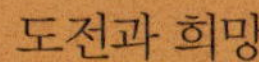

도전과 희망

나는 행복한 결혼 생활을 해왔고 이런 일이 내게 일어날 거라고는 상상도, 바라지도 않았던 마흔 일곱살 먹은 다섯 아이의 엄마였다. 선거운동을 하는 동안 나는 많은 도전에 직면해야 했다. 많은 여성들과 마찬가지로 나는 나 자신이나 나의 성취에 대해 이야기 하는 것을 망설였다. 그러나 내가 말했던 모든 것에 대한 깊은 믿음이 있었기 때문에 마음은 훨씬 편안해 졌다.
–사진은 2006년 11월 중간선거에서 압승을 거둔 뒤 당시 환호하는 모습

# 절대 신념을 잃지 마라

*Never Lose Faith*

내가 살라에게 작별인사를 한 건 1987년 1월의 어느 추운 겨울날이었다. 그 당시 난 친구가 죽음을 앞두고 있다는 사실을 몰랐다. 아니 어쩌면 그 죽음을 받아들일 준비가 되지 않았던 것 같기도 하다.

캘리포니아주 출신 여성 하원의원인 살라 버튼은 고인이 된 그녀의 남편 필립과 함께 수년 동안 알고 지내온 사이였다. 친한 친구인 동시에 내가 가장 존경하는 여성 가운데 한명이었다.

모든 이들이 살라를 존경했고 그녀를 절대 과소평가해서는 안 된다는 것을 알고 있었다. 살라는 넓은 대지(Mother Earth)와 같은 사람이었다. 말에는 폴란드 억양이 섞여 있었고 자동차 운전은 하지 않았다. 그녀는 자신이 좋아하는 사람에겐 대단한 온정을 베풀었다. 자신이 믿는 것에는 열정적이었지만 정치에 대해서는 매우 냉정한 원칙론자였다.

살라는 내게 가족 같은 존재였다. 내 아이들을 사랑해 주었는데 특히 나의 장녀와 차녀인 낸시 코린과 크리스틴과 가깝게 지냈다. 살라가 의회로 간지 얼마 뒤 장녀인 낸시 코린이 워싱턴에 있는 마운트 버논 대학에 입학하게 되었는데 어느 날 우리에게 전화를 해서 자동차가 필요하다고 말했다. 남편 폴과 내가 물었다.

"대학에 다니는데 왜 차가 있어야 한다고 생각하니?" 다섯 명의 자녀가 있는 내겐 대학 갈 때마다 한 명씩 차를 장만한다는 것은 예산에 없던 일이었다. 낸시는 "살라를 위해 자동차가 필요해요. 살라를 모시고 다녀야해요."라고 답했다.

결국 우리가 쓰던 낡은 랭글러 지프를 샌프란시스코에서 부터 보내주었다. 탈착이 가능한 창문이 있는 차에 귀하신 몸인 살라 버튼을 태우고 워싱턴 일대를 운전하며 다니는 낸시 코린의 모습은 꽤나 볼만했다.

2년 뒤 살라는 암에 걸렸다. 우리는 그녀가 어떤 싸움에서든 이겨낼 수 있을 것이라 생각했다. 그러나 살라가 이겨내지 못한

한 가지가 바로 이 병이었다.

그렇게 작별의 인사를 할 시간이 다가왔다. 죽어가는 친구를 찾아가 본 이들이라면 얼마나 힘든 일인지 알 것이다. 하지만 나를 놀라게 한 것은 마음을 비운 그녀의 태도였다. 나의 만류에도 불구하고 살라가 가장 원했던 것은 나에 대한 이야기였다.

특별히 부른 친구들이 침대 주위로 모였다. 살라는 진지하게 슬픈 소식을 알렸다. 병세가 매우 심하기 때문에 재선에 나가지 않겠다는 것이었다. 그러고는 나를 돌아보며 자신을 대신하여 출마해달라고 청했다. 그리고 내가 즉시 그 제안을 받아들이기를 원했다. 나는 말했다.

"살라, 그런 식으로 말하지 말아요. 마음이 너무 아파요."

나는 여전히 살라가 나아질 것이라는 희망을 갖고 있었다. 마침내 그녀는 나의 승낙만이 그녀에게 안식을 가져다주는 유일한 대답임을 납득시켰다. 커다란 슬픔 속에서 나는 그렇게 하원의원으로 입후보 할 것을 약속했다.

나는 종종 경이감에 휩싸여 그 날을 회상한다.

우리 모두는 살라의 강건함과 고귀함에 감명을 받았는데, 정말 놀라웠던 것은 나에 대한 그녀의 믿음이었다. 때로는 우리를 잘 아는 누군가의 격려가 한 번도 꿈꾸지 않았던 길로 우리를 인도한다. 나는 나름대로 자신의 능력과 소양에 자신이 있었지만 나에 대한 살라의 신뢰는 매우 절대적이었고 결국 그에 부끄럽지 않게 살아가리라 결심하게 되었다.

그리하여 나는 하원의원에 입후보했고 당선됐다. 나는 행복한 결혼 생활을 해 왔고 이런 일이 내게 일어날 거라고는 상상도, 바라지도 않았던 마흔 일곱살 먹은 다섯 아이의 엄마였다.

선거운동을 하는 동안 나는 많은 도전에 직면해야 했다. 많은 여성들과 마찬가지로 나는 나 자신이나 나의 성취에 대해 이야기 하는 것을 망설였다. 그러나 내가 말했던 모든 것에 대한 깊은 믿음이 있었기 때문에 마음은 훨씬 편안해 졌다.

당신을 끌어 올리는 힘, 또 성장하도록 도와주는 힘은 주변 사람들의 자극이다. 그 해 2월 중순 입후보하겠다는 발표를 할 때 나는 몇몇 친구들과 기자들만이 와 있으리라 예상하며 ILWU(역자 주: 미국서부 항만노조)홀에 들어섰다. 하지만 막상 그 곳에는 열광하는 다수의 군중이 있었다. 그들의 지지에 힘입어 나는 나 자신만을 위해서가 아니라 그들 모두를 위해 이기겠다는 결심을 하게 되었다.

20년 후 내가 최초의 여성 하원의장으로서 취임선서를 할 때 또다시 내 마음 속에는 확신이 생겼다. 나는 여성이 남성과 동등해지는 날이 언젠가 올 것이란 믿음을 버리지 않았던 미국 역사 속의 모든 여성들을 떠올렸다.

내가 공화당의 대표 존 뵈너로 부터 의사봉을 건네받았을 때 나는 동료들에게 말했다.

“이 순간은 이 나라의 여성, 이 나라 의회에 역사적인 순간입니다. 우리가 2백년 이상을 기다려왔던 순간입니다. 신념을 잃지 않고 우리는 우리의 권리를 획득하기 위해 노력하며 많은 세월을 기다려 왔습니다.”

“그러나 여성이 단지 기다리기만 한 것은 아닙니다. 여성들은 노력하고 있었습니다. 신념을 잃지 않고 모든 남성과 여성은 동등하게 창조됐다는 미국의 약속을 되찾기 위해 노력했습니다. 우리의 딸들과 손녀들을 위해 오늘 우리는 대리석 천정을 깨뜨렸습니다.[1]”

“우리는 역사를 만들었습니다. 이제 함께 앞으로 나아갑시다.”

---

1 “유리 천정을 깨뜨리다”는 표현은 여성에 대한 차별대우를 타파한다는 의미로 사용된다. ‘대리석 천정’이라 표현한 것은 미국 의회 의사당이 대리석으로 된 건물임을 뜻하고 있다.

# 2 독립선언

*Declarations of Independence*

나는 워싱턴 연방의회의 의사당 건물을 처음 본 순간을 결코 잊지 못할 것이다. 내가 여섯 살이던 1947년 1월의 어느 추운 날이었다. 그 날은 의회에서 아버지의 5선 의원 취임식이 열린 날이었다. 오빠들은 매우 들떠 있었다. 우리 자동차가 의사당에 가까워지자 "낸시, 저 의회 의사당(the Capitol)을 봐." 라고 말했는데, 나는 아무 글자(capital)도 보이지 않는다고 답했고, 오빠들은 계속해서 같은 말을 되풀이 했다. 마침내 나는 "그게 A야? B야? 아니면 C?" 라고 물었다. 더 가까이에 가게 됐을 때 오빠인 조이는 내 머리를 잡고 고개를 돌리게 했다. 그 곳에는 매우 놀라운 풍경이 있었다.

내가 기대했던 거대한 문자는 보지 못했지만 대신, 백색의 웅장한 돔이 있는 근사한 건물을 볼 수 있었다. 나는 아직도 미의회 의사당이 세상에서 가장 아름다운 건물이라고 생각한다. 왜냐하면 의회 의사당은 국민들 목소리의 상징이기 때문이다.

의회 의사당을 세계에서 가장 훌륭한 민주주의의 상징으로 보든지, 그 안에서 국민의 대표로서 봉사하든지, 아니면 하원의장으로서 역할을 하든지 간에 의회 의사당과 어떤 식으로든 연관된다는 것은 흥분되는 일이다.

아직도 의회 의사당에 들어갈 때면 아버지와의 강력한 연대감이 느껴진다. 최초의 이탈리아계 미국인으로서 그곳에서 일했던 이들 가운데 한 분이었던 아버지도 비슷한 느낌을 가졌을 것이라고 짐작하기 때문이다. 나의 아버지인 토마스 달레산드로 2세는 매릴랜드주 출신 하원의원이었고 1938년에 처음 당선됐다. 그는 프랭클린 루즈벨트 대통령에게 충성을 다했던 뉴딜(New Deal)주의자 민주당원이었다. 이후 그는 볼티모어 시장을 12년간 역임했다. 성모 영보 대축일[2]인 3월 25일이 생일이라 이

2 Annuciation 성모 영보 대축일 : 가톨릭에서 대천사 가브리엘이 성모 마리아에게 예수를 잉태하였음을 알린 날을 기념하기 위하여 행하는 축제.

름 붙여진 나의 어머니 낸시(이탈리아 이름은 애넌시아타 롬바르디)는 아버지의 인생 역정에 매 순간 동료였다.

나의 양친은 나와 마찬가지로 모두 볼티모어의 '작은 이탈리아' 라고 불리는 마을에서 자랐다. 아버지의 어머니는 볼티모어에서 태어났으나 아버지의 조부모님은 베니스와 제노아에서 이민왔다. 아버지의 아버지는 아브루치 출신이었다.

어머니의 아버지는 이탈리아 남부 캄포바소에서, 어머니의 어머니는 시칠리아에서 태어났다. 그분들은 로드 아일랜드의 포터컷에서 만나 볼티모어에 가정을 꾸렸다.

여섯 명의 아들이 태어난 후 외동딸인 내가 태어나, 이탈리아계 미국인 대가족이 되었다. 우리는 독실한 천주교인으로 애국심이 강하고 이탈리아계 미국인이라는 혈통에 자부심을 갖고 있으며 확고한 민주당 지지자들이었다.

우리 이웃 사람들도 우리와 비슷했다. '작은 이탈리아' 내에서의 다양성은 그들의 가족이 이탈리아의 어디에서 왔느냐를 바탕으로 이루어졌다. 우리 동네에서는 제노바, 나폴리, 애브루치, 베네치아, 로마, 토스카나, 시칠리아 등 그 외에도 이탈리아의 모든 지역과 음식들을 만날 수 있었다.

'작은 이탈리아' 에서 자라는 동안 나는 이민자들이 미국에 가져다주는 활력에 감명 받았다. 그들은 용기와 낙천성, 가족을 위해 더 나은 미래를 만들겠다는 결심으로 아메리칸 드림을 실현한다. 이민자들이 미국을 더욱 강하게 만든다는 것은 미국 역사를 통해서도 확인되었고 오늘날에도 여전히 사실이다.

나의 아버지는 어느 일요일 아침, 성 레오 성당을 나서는 19세의 아름다운 여인을 알게 됐는데, 그 때 아버지는 25세였고 이미 매릴랜드 주의회의 의원이었다. 거리로 나서는 그녀를 따라가서는 그녀가 모퉁이에 멈춰선 순간 다가가서 데이트를 신청했다.

그 말쑥한 의원에게 그녀는 자신은 그가 누구인지도 모르기 때문에 할머니의 허락 없이는 데이트하지 않겠다고 답했다. 결국 아버지의 구애 상대는 어머니의 할머니가 되었다.

아버지와 어머니가 결혼한 것으로 보아서도 명백히 아버지는 그 시험에 통과한 것이다. 결혼식은 볼티모어시의 교통을 마비시키는 사건이었는데 결과적으로 볼티모어시의 모든 경찰관과 소방관이 초대된 셈이 되었다,

아버지가 처음 정치를 접한 것은 8살 때였다. 아버지는 어머니를 따라 1912년 민주당 전당대회에 갔는데 그 곳은 '작은 이탈리아' 지역의 집에서 멀지 않은 곳이었다. 나는 제5연대 무기고(Armory)안에서 울려 퍼지는 함성 소리를 들었을 때 아버지가 느꼈던 짜릿함을 상상할 수 있었다. 그 날은 윌리엄 제닝스

브라이언이 제46 투표구에서 승리한 우드로 윌슨[3]을 대선후보로 지명했던 날이다.

투표할 수 있는 나이가 됐을 때 아버지가 처음 했던 투표는 자기 자신을 위한 것이었다. 그 선거에서 아버지는 매릴랜드 주의회의 하원의원으로 선출됐다. 그렇게 시작하여 볼티모어시의회로 갔고 시장이 되기 전에는 연방하원에도 진출했다.

아버지는 보기 드물게 타고난 정치인이었고 잘생긴데다 카리스마 있는 분이었다. 사물을 꿰뚫는 듯한 파란 눈을 가졌던 아버지는 가느다란 콧수염과 트레이드 마크인 점박이무늬 나비넥타이로 멋을 부렸다. 재능 있는 춤꾼이기도 했고 뛰어난 연설가였다. 비록 정규 교육을 많이 받지는 못했지만 현명하고 단호했다. 아버지는 여러 영역에 식견이 있었는데 특히 공공정책에 대한 지식이 뛰어났다.

아버지의 초기 정치생활 몇 년이 지나서부터 어머니는 항시 동반자로서 역할을 다했다. 우리 가족의 원동력이던 어머니는 총명했으며 정의감도 투철했다. 나는 종종 어머니가 50년은 일찍 태어난 사람이라는 생각을 한다. 사실 아버지와 그 시대가 어머니의 발목을 붙잡고 있었다고 해도 과언이 아니다.

---

3 미국의 28대 대통령

아버지는 관대한 마음을 가진 멋진 남자였고, 매우 매력적이고 영리했으며 충성심이 강한 진정한 의미의 공직자였다. 앞서 생각하는 진보적인 분이었고 정치에서 여성의 역할이 커지고 있음을 높게 평가했던 반면, 가족에 대해서만은 낡은 전통 안에 머물러 있었다. 아버지는 십대인 내가 긴 머리를 자르는 것마저도 탐탁치 않아 했다.

어머니는 훌륭한 아내이자 어머니였고, 또한 기업가이자 공상가였다. 법과대학원(로 스쿨)을 다니기 시작했지만 동시에 세 명의 아들이 백일해에 걸리자 공부를 중단해야 했다. 어머니는 영리하게 투자를 하려 했지만 아버지가 승낙하지 않았다. (안타깝게도 그 때는 그럴 수밖에 없었을 것이다.) 어머니는 "벨벡스(Velvex) - 수증기로 아름다움을"라는, 얼굴에 증기를 쐬게 하는 최초의 미용기구에 대한 특허권을 갖고 있었다. 그것은 어머니의 발명품이었고 미국 전역에 고객을 갖고 있었지만 아버지는 어머니가 가정에 충실하기를 원했다.

아버지의 고집과 자주 충돌하긴 했어도 어머니는 자신의 결혼생활에 대한 애정이 깊었다. 하지만 내가 어린 나이에 결혼하기를 권유하지는 않았다. 어린 나이에 결혼한다는 여자의 얘기를 들을 때마다 그녀는 말하곤 했다. "난 왜 결혼에 급하게 뛰어들려는지 이해가 안돼요. 모든 재능과 활기, 지적인 능력을 갖고 있는데 왜 어린 나이에 결혼을 해야 하죠?"

물론 어머니는 자기 자신의 인생에 비추어 생각하고 있었다. 어머니에게는 자신만의 꿈이 있었다. 그러나 어머니가 추구할 수 없었던 꿈의 일부가 나로 하여금 새로운 가능성들을 선뜻 받아들이게끔 만들었다고도 볼 수 있다.

나는 일찍부터 홀로서기를 주장하도록 배웠다. 내가 특별히 반항적이었다고 말하는 것이 아니다. 다만 여섯 명의 오빠들 사이에서 나 자신을 지키는 길을 찾아야만 했다.

우리 가족의 이야기 가운데 아버지의 볼티모어 시장 첫 취임식 날 오빠인 조이와 나에 관한 이야기가 있다. 우리는 모두 시청에 갔고 부모님과 세 명의 오빠들은 손님들에게 인사를 하느라 분주했다. 나와 헥터, 조이는 취임식이 시작될 때까지 가족 그림을 그리기 위해 어느 방엔가 안내되어 들어갔다.

모든 가정이 그러하듯 우리 가족에게도 아이들은 낯선 사람과 대화해서는 안 된다는 엄격한 규율이 있었다. 키가 크고 품위 있는 신사 한 분이 들어와서 우리에게 "안녕, 오늘 기분이 어떠니?"라고 물었을 때 나는 한 마디도 대답하지 않았다.

"너희 아버지가 곧 시장이 되는데 신나지 않니?"

여전히 나는 한 마디도 하지 않는데 오빠가 대답했다. "좋아요, 제가 인사를 드리지요." 알고 보니 그는 퇴임하는 볼티모어의 시장 테오도르 루즈벨트 맥클레딘이었고 우리는 시장 집무실에 들어와 있었던 것이다.

조이는 내가 시장님에게 예의 없이 행동했다고 엄마에게 이르겠다고 했다. 내가 받아쳤다. "만약 그렇게 하면, 나는 오빠가 낯선 사람이랑 얘기했다고 말하겠어."

나는 막 일곱 살이 되었고 조이는 아홉 살이었다. 내가 오빠를 고자질하지 않자 오빠는 나에게 감명 받았고, 오빠도 역시 나를 고자질하지 않았다.

나는 막 내 인생의 첫 번째 동맹을 맺은 셈이었다.

여름이면 우리 가족은 매릴랜드주의 지상낙원인 오션시티로 갔다. 당시 그 곳은 25블록 정도의 판자를 깐 길이 있었던 조용한 마을이었다. 한 쪽 끝에는 게임 센터들과 관광명소가 있었고 다른 한 쪽에는 집과 호텔들이 줄지어 있었다.

중앙에는 우리 사회생활의 중심이었던 9번 거리가 있었는데, 저녁이면 그 곳에는 대학생들과 십대 아이들이 모여들었다. 나이가 어느 정도 들자, 여자친구들과 나는 친구들을 만나러 그곳에 가곤 했다. 샐리 맥지핸과 낸시 헵번은 나의 가장 친한 친구들이었는데 다른 친구들이 해변 파티에 갈 때, 우리는 내 부모님이 정해 놓은 통금 시간 때문에 9번가에 모였다가 집으로 돌아오곤 했다.

우리 가족(아버지는 주말에만 우리와 합류했다)은 몇 주일 동안 해변과 소금기 있는 바람, 매릴랜드주의 삶은 게와 신선한 옥수수를 즐겼다. 우리가 빌린 집은 볼티모어시와 그 주에 살던 친구들이 방문해 베란다에서 담소를 하며 시간을 보내기도 하는 모임장소였다. 흔들의자와 지나가는 휴가객들의 행렬, 탁 트인 대서양의 광경 등, 이 모든 것들이 휴식이었다.

나는 매릴랜드주에서 '바닷가' 라고 말하는 곳에서 보낸 시간들을 사랑했다. 나중에 캘리포니아주 출신 폴 펠로시와 데이트를 할 때, 나는 그의 가장 강력한 경쟁상대는 내가 절대 떠나길 원치 않는 대서양이라고 말하곤 했다.

보수적이었던 우리 가족은 해변에서 자유롭게 지내려는 나를 막을 여러 가지 방도를 마련해 두었다. 부모님은 나에게 적용할 엄격한 규칙을 생각해 냈는데 (내 생각에) 너무 이른 통금 시간뿐 아니라 자동차 다니는 도로에서는 자전거도 타지 말라고 엄포를 놓았고 수상스키도 금지였다. (너무 위험하기 때문에)

그렇다 해도 나는 물론 도로에서 자전거를 탔다. 또한 수상스키도 배웠는데 부모님도 얼마 후 그 사실을 알게 됐다.

하지만 부모님은 대서양편에서 보자면 가장 굴욕적이라 할 수 있는 규칙들은 고수했다. 친구들과 나는 바닷가에 파도타기 매트(서핑 보드)를 가져가서 우리가 감당할 수 있는 한 멀리까지 나가곤 했다.

대부분의 경우 문제가 없었지만 가끔은 우리가 파도 때문에 우리 가족이 임대한 집 바로 앞까지 떠밀려 가는 바람에 부모님이 (때로는 오빠들도) 우리를 발견하고 팔을 휘저으며 해안경찰의 제지를 요구하는 일도 있었다. 그럴 때는 매우 당황스러웠지만 다음 날이면 또 다시 반복되었다.

파도를 타고 멀리까지 나가는 것과 관련하여 나중에 영화 '상어(Jaws)'를 보고 난 후에는 나와 우리 아이들은 해변에서 가까운 곳에서만 지내게 되었다.

어머니는 확고한 자신의 야망에도 불구하고 나를 붙잡아 두려는 자신의 욕심과 싸워야만 했다. 어머니는 항상 내가 '뿌리와 날개'를 갖길 원했다. 뿌리란 소속감을, 날개는 멀리까지 날아가 자신의 인생을 경험하는 자유를 의미한다.

하지만 때때로 날개 부분과 관련되어 갈등이 있었다.

어머니는 세상으로부터, 그리고 있을 수 있는 모든 마음의 상처와 실망으로부터 나를 지키고 싶어 했다. 어머니의 마음에서 이 딜레마에 대한 답은 간단한 것이었는데 그것은 내가 수녀가 되어야 한다는 것이었다.

내가 십대에 들어섰을 때 나는 그런 일은 일어나지 않을 것이란 걸 알았다. 나는 피터 팬 옷깃[4]과 둥근 브로치가 달린 블라우스를 입는 전형적인 1950년대의 십대였다. 여자 친구들과 나는 신치 벨트[5]와 크리놀린 스커트[6], 매력적인 팔찌와 그에 어울리는 스웨터 세트를 즐겨 입었다. 우리는 포니 테일[7]이나 픽시 컷[8]으로 머리를 하고 엘비스 프레슬리의 음악에 맞춰 춤을 췄다.

결국, 어머니는 내가 수녀가 되지 않을 것이라는 사실을 받아들였다. 나는 어머니를 존경하고 진심으로 사랑했지만 어머니에게 내 인생은 오로지 나의 것이라는 사실을 조심스럽게 알렸다.

시간이 지나고 나 자신이 엄마가 되었을 때, 나도 다섯 아이를 놓아줘야 하는 비슷한 상황에 처하게 됐다. 누군가 내게 했던 절대 잊지 못할 충고가 기억난다. "아이들을 꽉 잡고 있어라. 그러면 그들은 수은처럼 될 것이다. 하지만 당신이 손을 펴자마자 수은은 흩어지고 만다."

부모는 자녀들이 행복하게 소망을 이루어 나가면서 독립적인 어른으로 성장하길 바라는 동시에 자녀들에 대해 걱정을 한다.

---

4 앞쪽 끝이 둥근 깃
5 cinch belt : 폭이 넓은 여자용 벨트
6 버팀테가 들어있는 스커트
7 뒤로 묶어 드리우는 머리
8 여성의 짧은 헤어스타일의 일종

내가 아버지에게 "언제가 되면 저희들을 걱정하지 않으시겠어요?"라고 질문했던 기억이 난다. 아버지는 대답했다. "사회보장 제도(역자주: 연금제도)의 보호를 받게 될 때까지."

어떤 어머니라도 같은 생각이겠지만 자녀를 돌보고자 하는 본능은 정작 자녀들이 필요로 하는 기간이 지난 이후로도 오랫동안 계속된다. 내 아이들이 좀 컸을 때도 몇 년 동안 11시 45분이 되면 갑작스레 나의 명치에서부터 어떤 느낌이 온다. "카풀(Car Pool) 시간을 맞추러 가야겠다." 11시 45분은 유치원 아이들을 데리러 가기 위해 모이는 시간이었다.

아이들이 초등학생이 되자 그 느낌은 오후 3시로 옮겨져, "카풀 시간에 맞추어야 해." 라고 생각하곤 했다. 점차 아이들은 하나 둘씩 친구들과 함께 버스를 타고 다니기를 원하게 됐다. 그러한 상황에서도 명치에서부터 느껴지는 묘한 느낌은 한동안 지속됐다.

아이들이 버스를 선호한다 해도 예외인 날이 있다.

어느 날 아침, 비가 많이 쏟아지는 날이었는데 아이들이 방에 들어와서 차를 태워 달라했다. 남편인 폴은 당연히 그들을 태워다 줄 것이면서도 농담을 했다. "안돼. 빗속으로 나가서 작아지려무나. 엄마, 아빠는 우리 아이들이 아기였을때가 더 좋단다."

우리 아이들 가운데 폴 주니어는 일찌감치 자신의 길을 개척

하기로 결심한 아이였는데 나는 확실히 그의 입장을 이해할 수 있었다. 폴은 네 명의 여자 형제 사이에서 유일한 남자 아이였고, 나는 다섯 명의 남자 형제가 있는 유일한 여자 아이였다.

폴이 유치원에 갈 나이가 됐을 때 폴은 누나들과 같은 성심수녀원(Convent of Sacred Heart) 부속 유치원에 가는 것을 원치 않았다. 다섯 살의 나이에 면접하면서도 공격적인 태도를 보이며 자신의 생각을 알리려 했다.

그가 선택한 소년들을 위한 타운학교(Town School for Boys)에서의 첫 날, 이름표를 자신의 손목에 묶은 채 집에 왔다. 누나인 재클린이 이름표는 목에 걸게 되어 있다며 그 규칙을 지켜야 한다고 말했다.

폴 주니어가 대답했다. "선생님께서 원하는 곳 어디에나 할 수 있다고 말씀하셨어. 누나는 우리 학교에 다니지 않잖아. 누나는 거기 없었잖아. 그러니 알 수가 없는 거야." 우리 집의 역사적인 날이었다. 그것은 집안 여자들의 횡포에 대한 폴 주니어의 독립선언이었다.

물론, 나는 그의 입장이 되어 봤기 때문에 그를 이해했다.

그러나 몇 년이 지난 후 나는 그 사실을 잊어버렸다.

내가 하원의원으로 당선됐을 때, 크리스틴과 재클린, 폴 주니어는 조지타운 대학에 다니고 있었다. 나는 그들이 모두 이사를 해서 나와 함께 지낼 수 있다는 데 언뜻 생각이 미쳤다. 그럼으로써 아이들의 아파트 임대금도 아끼고 그들의 주거 여건도 한결 나아지게 될 것이라고 생각했다.

크리스틴은 아파트 지하에서 친구와 살고 있었고, 다락방에 사는 재클린은 일곱 명의 친구와 한 개의 침실에서 지냈으며 폴 주니어는 신입생 기숙사에 있었다. 그러나 내 생각과는 달리 아이들에게는 자신들의 거처가 지상낙원이었다.

아이들은 재빨리 답했다. "엄마, 우리는 엄마와 함께 살고 싶지 않을 뿐 아니라 서로와 함께 살고 싶지도 않아요. 우리는 서로를 사랑하지만 친구들과 사는 게 좋아요. 우리는 대학에 다니고 엄마는 의회에 다녀요. 우리가 같은 도시에 있다는 걸 잊어보는 게 어때요?"

나는 나 자신을 변호하느라 워싱턴에서는 일주일 중 사흘만 밤을 보낼 것이라고 말했다. 이에 대해 아이들은 말했다. "엄마가 대학에 다닐 때 엄마의 엄마가 와서 함께 살자고 했다면 어떤 기분이었을 것 같아요?"

내가 무슨 생각을 할 수 있었을까? 물론, 그들의 말이 옳았다. 나는 아이들이 각자의 공간을 갖는 게 좋겠다는 결론에 도달했다. 하지만 아이들이 워싱턴에 있었기 때문에 내가 의회로 가는 것이 훨씬 수월해졌다. 내 아이들을 보게 될 것이라는 생각만으로도 매주 샌프란시스코에 있는 집을 나서서 비행기에 오르는 발걸음이 한결 가벼워졌다.

## | 언제나 열려있는 집 |

*An Open House*

오빠들과 나는 어렸을 때부터, 연민을 버리지 않고 주변에 대해 관심을 가져야 한다고 배웠다. 달레산드로 집안에게 남을 돕는 것은 삶의 일부였다. 사람들은 하원의원 달레산드로의 집이 어디에 있는지 알았고, 도움을 바라며 문 앞에 줄을 서기도 했다. 아버지가 시장이 된 후에도 마찬가지였다. 어떤 이들은 일자리를 원했고, 또 어떤 이들은 시립병원에 입원하기를 원했으며 공장내 주택을 바라는 이들도 있었다. 이따금 단지 먹을 것을 구하려는 사람들도 있었다.

그들은 줄지어 들어와서 거실에 있던 루즈벨트대통령과 트루

먼대통령의 큰 초상화를 지나 어머니의 책상 앞에 앉았다. 영어를 할 줄 모르는 이민자들도 있었는데 어머니는 그들과 이탈리아어로 대화를 했다. 확실히 우리 집은 "울타리가 없는 집, 언제나 열려있는 집"이었다.

내가 태어나기 전인 대공황 시기에는 도움을 청하려는 사람들이 가족과 저녁식사를 함께 하는 일이 흔한 일이었다고 나의 오빠 토미는 회상한다. 엄마는 스튜에 몇 가지만 더 요리하여 그들을 초대하곤 했다고 한다.

어머니는 아버지에게도 볼티모어시의 시민들에게도 굉장한 재산이었다. 어머니도 역시 공직자였다. 보수를 받거나 선거에서 뽑혀 일정한 직위에 있는 것도 아니었지만, 어머니는 할 수 있는 만큼 헌신하는 것이 자신의 의무 중 하나라고 생각했다. 나는 어머니가 볼티모어시에 있는 주택당국과 병원들, 그리고 의회에 있는 모든 이들을 알았을 것이라고 생각한다.

사무실 처럼 되어 버린 집을 우리는 청탁을 모아 놓는 곳이라고 불렀다. 누군가 청탁 거리를 갖고 방문하면 어머니는 그것을 노란 종이에 써서 서류철에 넣어 두었다. 그리고 그 사람이 잘 되면 누군가 비슷한 요청을 하는 사람이 왔을 때 그 종이를 꺼내서 이전에 일이 잘 되었던 사람에게 연락해 새로운 사람을 돕게 했다. 이런 식으로 선행에 대한 책임감은 계속 연결되어 전해졌다. 나머지 가족들도 열심히 협력해야 했다. 나 역시 어린 아이였을 때부터 복지급여를 지원 받으려 하거나 시립병원이나 공단 주택에 들어가려 하는 사람들을 대상으로 누구에게 전화를 해 보라고 말할 수 있을 정도였다. 나는 물론 모르는 사람들에게 문을 열어주지는 않았지만 전화는 받았고 어머니가 그들에게 무슨 말을 해 줄지도 정확히 알고 있었다. 어머니가 얘기하는 것을 그토록 많이 들었던 것이다.

이러한 일들은 오빠들과 나에게는 지극히 자연스런 일이었다. 그것은 공직자였던 아버지의 의무 중 하나였고 '작은 이탈리아' 내에서의 공동체 정신의 일부였으며 가톨릭교 정신의 일부이기도 했다.

궁핍한 상황의 사람들을 자주 보긴 했었지만, 먹을 것도 충분치 않았던 친구의 집에 갔던 일은 특히 생생히 기억한다. 그 방문은 내게 깊은 인상을 남겼다. 부모님끼리 친구인 집이 아닌 경우에 내가 누군가의 집에 가는 것을 허락 받는 경우는 드물었다. 하지만 가족끼리는 잘 몰라도 우리 집에 여러 번 왔던 여자 친구가 있었는데 그 친구의 어머니가 나를 저녁 식사에 초대했다.

오빠들이 나와 함께 가서 내가 나올 때까지 밖에서 기다려 주었다. 우리가 식사를 마칠 즈음에 친구의 어머니는 우리의 접시에서 반쯤 먹은 음식들을(찌꺼기가 아니라 반쯤 먹고 남은 음식) 뒤

쪽에 모아서 다음날을 위해 그릇에 넣어 두었다.

나는 내 눈을 믿을 수 없었다. 나는 생각했다. "세상에, 미리 알았다면 더 많은 음식을 남겼을 텐데..." 그들이 다음 날 먹을 음식은 그것이 전부였음에도 불구하고 그들은 기쁜 마음으로 나에게 음식을 나눠주고 있었다. 나는 많은 이들이 가난하다는 것을 알고 있었지만 직접 식탁에서 이런 광경을 보는 것은 전혀 다른 경험이었다.

우리는 독실한 가톨릭 신자들이었고 남에게 봉사를 하는 것은 신앙생활의 일부이기도 하다. 초등학교 1학년 때부터 고등학생 시절 내내 볼티모어시의 노틀담 여학교(the Institute of Notre Dame[9])에서 보냈는데 그 곳은 어머니가 다녔던 학교이기도 하다. 노틀담 여학교의 수녀 선생님들은 우리의 미래에 대해 꿈이 많았다. 우리에 대한 수녀님들의 기대 중 하나는 궁핍하고 아프고 상처받기 쉬운 이들을 절대 잊지 말라는 것이었다. 여성으로서 당당하게 첫 상원의원으로 선출되었던 바바라 미컬스키도 이 학교를 졸업했다.

교과과정은 엄격했고 예의범절이 강조되었다. 학교 현관에 걸려 있던 액자 안에는 "학교는 감옥이나 운동장이 아니다. 학

---

9 매릴랜드주 볼티모어시에 위치한, 여고생을 위한 가톨릭 사립학교

교는 시간이고 기회다."라는 교훈이 써 있었다. 우리의 가톨릭 교육은 볼티모어시 가톨릭 교리문답식 교육에 의해 구성되어 있었고 개개인의 신성함은 부모님과 더불어 수녀님들이 지도하셨다.

사실 나의 첫 번째 연설도 수녀님이 써주셨다. 그 연설은 정확히 한 문장 길이였는데 내가 일곱 살이었을 때 아버지의 시장 취임식에서 암송했다. 나는 여러 마이크가 둥글게 설치된 연단으로 올라갔다. 신문사 사진기자들의 플래쉬가 터지는 가운데 새로 산 파란 정장 차림에 흰 모자를 쓴 나는 아버지가 선서하기 위한 성경책을 들고 있었다.

아버지의 선서가 있은 후 나는 성경책을 보여주며 말했다.
"친애하는 아버지, 이 성스런 책이 아버지를 훌륭한 시장이 되도록 인도하길 바랍니다."

물론 아버지는 이미 훌륭한 분이셨다. 정의감과 공평함은 부모님의 원동력이었다. 세월이 지난 후 어머니의 장례식에서 볼티모어시의 킬러 추기경은 그녀의 훌륭한 업적과 지역사회 안에서의 역할을 존경하는 의미로, "애넌시애타 레지나 - 여왕 낸시- 라고 칭했다. 오빠들과 나는 "우리 부모님이 천사를 도와 일했고 지금은 그 천사들과 함께 계신다"는 얘기를 하곤 했다.

성장하면서 나는 종교적 믿음의 중요성을 배웠고, 사람들이 인생의 고통과 고난을 이겨내기 위해 어떻게 종교에 의지하는지를 알게 되었다. 이러한 깨달음은 삶과 정치에 있어 나에게 큰 도움이 되어 왔다.

나는 어머니를 통해서 개인적인 비극을 극복하는데 믿음이 얼마나 중요한지를 보았다. 사실 부모님은 아들이 다섯이 아닌 여섯 명이 있었다. 그 중 한 명인 니콜라스가 세 살 때 폐렴으로 사망했다. (부모님은 이후에 또 한 명의 아들을 낳았는데 그의 이름 또한 니콜라스였다.) 이 일은 내가 태어나기 전에 있었던 일이지만, 오빠인 토미는 어머니가 슬프게 울던 것을 기억한다. 어머니는 내게 항상 말했다. 죽는 날 까지 단 하루도 꼬마 니키를 생각하지 않는 날은 없을 것이라고... 실제로 어머니는 그를 위해 기도했고 나는 강한 믿음이 어떻게 그녀를 버티게 했는지 목격했다.

1950년대에 우리의 믿음은 단지 개인적인 것 뿐 아니라 세계적인 것으로 확장됐다. 우리는 무신론자인 러시아를 개종시키기 위해 집에서, 학교에서, 교회에서 기도를 했다. 엄마는 특히, 소련의 감옥에 갇혀 있던 헝가리의 요제프 민첸티 추기경님의 석방에 전념하셨다. 민첸티 추기경님은 그의 종교적 신념 때문에 특히 추종하는 이들이 많다는 것이 소련에 위협이 된다는 이유로 감옥에 갇혔다. 추기경님은 감옥에서 자신의 어머니에 대한 생각이 포함된 책 한 권을 썼다. 추기경님의 어머니는 당신이 존경하던 어머니에게 바치는 기도시를 썼는데 그 첫 부분은 이렇게 시작된다.

"어머니, 나는 어린 날 나의 수호천사였던 당신을 생각합니다. 어머니라는 말의 진정한 의미를 누가 짐작할 수 있겠습니까? 누구의 마음인들 어머니에 대한 생각으로 채워지지 않을 수 있겠습니까? 우리가 존재하게 된 첫 순간, 어머니가 우리의 요람 위로 햇빛과 같은 광선을 비춰 주었던 그 순간부터 어머니는 우리에 대한 사랑을 멈춘 적이 없습니다! 어머니라는 단어는 나이 지긋하신 분의 입에서 나온다 해도 마치 어린아이의 입에서 나오는 말처럼 들립니다."

확신컨대 가톨릭 신자로 성장한 사실이 정치가의 집안에서 자란 것보다 나에게 더 크나큰 영향을 미쳤다. 그 때도 알았었고 지금도 분명히 알고 있다. 그 깨달음은 내가 민주당의 하원의장으로 지명된 날, 다시 나에게 커다란 감동으로 다가왔다.

민주당 의원총회의 의장이었던 램 이매뉴얼이 작은 목소리로 축하를 해줬다. 그의 따뜻한 말이 나를 일깨웠고 볼티모어시의 앨버말 거리를 회상케 했다. 나는 마이크를 건네받고는 동료들 앞에서 이렇게 말했다. "나의 동료 램은 부모님이 나를 매우 자랑스러워하실 것이라고 했으나 나의 부모님은 내가 하원의장이 되길 바라며 키우시지 않았고, 그분들은 내가 경건하게 살도록 기르셨다." 성스러움이야말로 나의 부모님에게는 성공적인 양육의 기준이었다.

나의 많은 친구들이 신념에서 나온 소명이나 성경의 말씀에 따라 정치에 입문했다. 내 세대의 많은 이들이 정치적으로 가장 큰 감명을 받은 분은 케네디 대통령이었다. 모든 국민에 대한 그의 책임감은 애국심을 갖도록 양육되었고 교회의 가르침이 조화를 이룬 결과였음이 분명하다. 노틀담 여학교의 많은 수녀님들이 아일랜드계였고 보스턴 출신이었는데 수녀님들은 자주 케네디 가문의 믿음, 애국심, 가문에 대한 자부심에 관해 이야기했다.

내게도 꼭 한 번 케네디 대통령을 만날 기회가 있었다. 1957년에 유엔 매릴랜드주 지부가 주최한 저녁 만찬에 그가 초청 연사로 나왔을 때이다. 그 당시 그는 이미 메사추세츠주 출신 상원의원으로, 또 1956년 선거에서 아들래이 스티븐슨의 러닝메이트가 된 논쟁가로 알려져 있던 정계의 유명인사였다. 우리 학교의 수녀님들은 그의 방문을 역사적인 사건으로 여겼고 나 또한 그의 연설을 듣고 싶었다.

어머니는 내가 들떠 있는 것을 보시고는 몸이 좋지 않다며 자신의 자리에 나를 앉게 해 주셨다. 그 자리는 볼티모어시의 퍼스트 레이디 자리로서 주빈 테이블에 케네디 의원 옆자리였다.

만찬 테이블 중 하나는 유엔 연합의 회원인 학생들을 위해 준비돼 있었다. 우리 학교에도 분회가 있었고 나도 회원이었다. 어느 순간 고등학교 친구들이 나를 그들의 테이블로 불렀다.

나는 주저하지 않고 말했다. "고마워, 나도 그렇게 하고 싶지만 나는 어머니를 대신해야 하므로 이 자리를 지켜야 해." 역사적인 만남 때문에 평소의 예의에서 벗어난 행동을 했지만 나는 수녀님들도 이해해 주실 거란 걸 알았다. 케네디 의원은 유쾌한 분이었다. 학생들도 연단 앞의 테이블에 올 구실이 있는데다 케네디 상원의원에게 소개 받을 수 있다는 사실에 기뻐했다. 그는 우리들에게 고등학교에서의 공부에 대해 물어보며 우리 자신들이 매우 중요한 존재라는 기분에 사로잡히게끔 해 주었다.

저녁 식사 중에 한 사진사가 케네디 의원과 함께 있는 나를 찍었다. 잘 차려 입은 한 여성이 내게 말했다. "이 사진을 잘 간직하렴. 언젠가 그는 대통령이 될거야." 그 때는 그 사진이 50년 후 하원의장의 방에 자랑스럽게 걸리게 되리란 사실을 아무도 알지 못했다.

이 일이 있고 몇 년 후, 우리가 기다리던 시간이 왔다. 1960년 대선에 존 F. 케네디가 후보로 출마한 것이다. 아버지는 매릴랜드주의 민주당 집행위원이었고 초기부터 케네디 지지자였다. 아버지에게는 비행 공포증이 있었기 때문에 우리 가족은 볼티모어에서부터 민주당 전당대회가 있었던 로스엔젤레스까지 기차를 타고 갔다.

도중에 샌프란시스코에 들렀는데 훗날 나의 제2의 고향이 될 그 활기찬 도시를 방문했던 것은 그 때가 처음이었다. 우리 모두는 그 도시를 좋아했다. 돌이켜 보면 그때의 방문 덕분에 한참 뒤 부모님이 내가 서부로 멀리 이사하는 것을 좀 더 쉽게 받아들이게 되셨으리라는 생각이 든다.

로스엔젤레스에서 있었던 전당대회에서 우리는 맨 앞줄에 앉았고 특히 케네디 후보측의 행사에 특별 출입이 가능했다. 민주당 지지자들의 열기가 매우 대단했기 때문에 케네디의 수락 연설은 로스엔젤레스의 대경기장으로 이동해서 해야 했다. 가톨릭 신자가 처음으로 대통령 후보로 지명되는 것을 목격한 것은 같은 종교를 가진 우리에게는 자랑스러운 순간이었다. 그 때는 대통령에 관한 한 여전히 엄청난 종교적 차별이 있었던 시기다. 우리 모두는 선거를 위해 열심히 일했고 그의 취임을 기대하고 있었다.

아버지가 전 하원의원이었던 덕분에 우리는 의회 의사당의 계단에 있는 좋은 자리에 앉았다. 케네디가 역사적인 연설로 우리 모두를 흥분케 했던 1961년 1월의 몹시 추웠던 그 날, 우리는 미래에 대한 확신을 가질 수 있었다. 그 연설에는 이런 말이

담겨 있었다.

"친애하는 국민여러분, 국가가 여러분을 위해 무엇을 해줄 수 있는가를 묻지 말고, 여러분이 국가를 위해 할 수 있는 것이 무엇인가를 물어보십시오."

모든 사람들이 이 귀절을 안다. 그러나 국제관계에 관련이 깊은 하원의원으로서 나는 이 문구 바로 다음의 문구를 종종 인용한다.

"친애하는 세계시민 여러분, 미국이 여러분을 위해 무엇을 해줄 수 있는가를 묻지 말고, 인류의 자유를 위해 우리 모두가 함께 무엇을 할 수 있는지를 물어보십시오."

모든 이들이 케네디 대통령의 젊음, 활기 그리고 생명력이 워싱턴에 생기를 가져왔다고 말한다. 케네디 대통령은 나의 세대에게 무엇이든 가능하다는 믿음을 갖게 했다. 우리 가운데 많은 이들이 공공 부문에 관심을 갖게 되었다. 우리는 이 나라에서 그리고 세계적으로도 변화를 이루기를 원했다.

아버지는 케네디 행정부에서 긍지를 갖고 일했고 나는 대학에서 케네디 대통령에 대해 공부했다.

그리고 드디어 나는 훗날 공직자의 임무를 맡게 되었다.

# 사랑이 피어나다

*Love Happens*

대학에 지원할 때가 됐을 때 나는 미국에서 가장 오래된 가톨릭 여자대학이었던 워싱턴의 트리니티 대학을 목표로 삼았다. 볼티모어에서도 가깝고 가톨릭 학교인데다 여학생만 다니는 학교이니 부모님께서도 나를 보내는 것이 한결 쉬울 것이라고 생각했다.

합격을 알게 되자 어머니와 나는 매우 기뻐했다. 하지만 이번에는 아버지가 보수적으로 돌아섰다. 아버지는 내가 볼티모어에 있는 대학을 다니면서 집에서 살기를 바라셨다. 불쌍한 아버지! 어머니와 나의 동맹 때문에 아버지에게는 승산이 없었다.

워싱턴의 거리에서 트리니티 캠퍼스로 운전을 하다 보면 평온하고 아름다운 정원과 잔디밭 때문에 마치 천국(Shangri-La)에 들어가는 것 같았다. 1958년 가을, 처음 도착했을 때 나는 그곳에서 행복하리라는 것을 바로 알 수 있었다. 정치인 집안에서 자라는 것도 재미있는 일이었지만 상대적으로 평범한 대학생활을 할 수 있다는 점이 정말 반가웠다. 다섯 명의 오빠들과의 생활만 해 보았기 때문에 여자 친구들과 살게 될 것을 생각하는 것은 즐거운 일임에 틀림없었다.

첫 날, 나는 평생의 친구가 될 동급생들을 만났다. 리타 머레이(뉴욕주 리버데일 출신), 실리아 르넷(펜실베니아주 스크랜톤 출신)과 나는 같은 기숙사 방에 배정됐다. 우리는 가끔 남자 형제가 많다는 공통점 때문에 빨리 친해진 것이라는 얘기를 한다. 리타에게는 다섯 명, 실리아에게는 세 명의 남자 형제가 있다. 워싱턴 출신의 메리 캐서린 맥거레이는 집에서 부모님과 함께 살았는데 그녀 역시 우리와 무리지어 다니는 친구가 되었다.

우리는 신입생 환영회에서 만났다. 어떤 학생들은 이전에 살던 곳에서부터 서로를 알고 있었지만 내게는 아는 사람이 한 명도 없었다. 가장 처음 만난 친구 중 한명이 마사 도드였다. 난생 처음 정치세계로부터 빠져나와 즐기고 있었는데 마사가 나에게 다가와서 이름표를 보더니 이렇게 말했다. "낸시 달레산드로,

상원의원에 출마한 분이 너의 아버지니?"

"그걸 어떻게 알았어?" 나는 작은 목소리로 물었다.

마사는 부모님 차를 타고 트리니티로 오는 동안 매릴랜드주에서 우리 아버지의 선거 광고판을 본 적이 있다고 말했다. 그녀의 아버지 토마스 도드 역시 하원의원에 출마하였던 터라 관심을 가졌던 것이다.

우리는 이런 사실에 대해 다른 친구들에게는 말하지 않기로 합의했다.

그리하여 나의 새롭고도 평범한 생활이 시작됐다. 트리니티 대학에서 지내게 되어 기뻤지만 그만큼 복잡한 기분이 들기도 했다. 트리니티 대학이 무척 마음에 들었지만 가족에 대한 그리움 때문에 처음 2주 동안은 몰래 울기도 했다.

가끔 어머니도 젊었을 때 나처럼 자유로웠더라면 좋았을 것이란 생각도 했다. 아마 어머니도 틀림없이 트리니티 대학을 사랑하게 됐을 것이다. 그것은 지적인 목마름이었다. 우리를 가르쳤던 노틀담 여학교의 수녀님들은 우리들이 대부분 결혼을 하고 가정을 갖게 되리란 걸 알고 계셨다. 동시에 수녀님들은 우리가 스스로를 뛰어넘어 더 넓은 세상을 보도록 마음을 키우고, 대학을 졸업한 후에도 계속 공부하기를 원했다. 나는 전공으로 정치학을 공부하려 했지만 당시에 트리니티 대학에서 정치학을 공부하려면 역사를 전공으로 택해야 했다. 우리 교수님은 종종 영국의 훌륭한 역사학자였던 제이알 실리의 격언을 인용하곤 했다.

정치학이 없는 역사는 열매가 없는 것이고
역사가 없는 정치학은 뿌리가 없는 것이다.

정치와 역사는 이상적인 조합이었다. 미국의 건국헌법 제정자들(Founding Fathers)에 대해 배울 때 우리는 나라를 세우기 위해 필수적으로 요구되는 리더십의 특징에 대해 배웠다. 그러한 특징들은 우리 연합을 유지하는 데에도 중요할 뿐 아니라 우리를 미래로 향하게 하기 위해서도 필요한 요소들이다. 그러한 리더십에는 비전, 판단력, 추진력, 그리고 미국 국민에 대한 존경심이 필요하다는 것을 배웠다. 아무리 지적으로 설득력 있는 호소를 할 수 있더라도 성공을 하기 위해서는 감정적인 연대감이 필수적이다. 대통령이 비전과 판단력을 갖추고 있으면 직관적으로 옳은 결정을 할 수 있다. 리더십의 이런 면에 대해 배우는 동안 특히 여성들이 결정할 때나 충고할 때 강한 직감을 가졌다는 것이 얼마나 축복받은 일인가라는 생각을 할 수 밖에 없었다.

나는 앞으로 법과대학원(로스쿨)에서 공부하게 될 것 같다는 생각을 하기 시작했고 젊은 나이에 결혼해서 정착하는 것에는 별 관심이 없었다.

하지만 폴 펠로시와의 만남은 예상하지 못한 것이었다.

가끔 젊은 여성들은 인생에서 무엇이 옳은 길이고 최고의 경로인지 묻는다. 결혼을 하여 아이를 낳는 것, 경력을 쌓기 위해 결혼이나 육아를 미루는 것, 아니면 두 가지를 동시에 하는 것들에 대해서... 나의 경험에 비추어 대답하자면 '옳은' 길이나 '최고'의 길은 정해져 있지 않다는 것이다. 단지 자신의 길이 있을 뿐이다. 우리의 선택에 따라 많은 것이 좌우되는 한편, 인생에는 운명이라고 불리는 기본적인 요소들이 있다. 하지만 그것들은 특별한 사람과 함께 할 때 바뀌게 된다.

나는 볼티모어, 폴은 샌프란시스코 출신인데 나는 우리가 만난 곳이 사하라 남쪽의 아프리카라고 말하기를 좋아한다. 사실 진짜 그 곳을 말하는 것은 아니다. 그것은 조지타운 대학의 여름학기 수업의 주제였다.

그 전에 우연히 폴을 만난 적이 있다 하더라도 그를 처음 기억하게 된 것은 여름학기 첫째 주에 티한스(Teehan's)에서였다. 티한스는 조지타운 대학교, 국제관계 대학원 근처에 있는 학생들을 위한 모임 장소였다. 친구 중 한 명이 폴에게 어디서 수업을 듣는지 물었다. 폴이 대답하자 친구는 "아, 낸시의 바로 옆 강의실이구나"라고 말했다.

그러자 폴이 대답했다. "낸시가 누구야?"

폴은 자신의 그 발언에 대한 값을 그 후로 오랫동안 치르고 있다고 말하곤 한다.

머지않아 우리는 조지타운의 법과대학원(로스쿨)학생이자 나의 룸메이트인 리타 머레이의 약혼자인 데니 메이어의 집에 모였다. 유쾌한 여름 밤이었고 우리는 창문을 열어둔 채 거실에 앉아 있었다. 그 때 몇몇이 공부하고 있던 주제인 한국전쟁에 대해 얘기하고 있었는데 갑자기 창 밖에 폴이 나타났다.

"너희들, 무슨 이야기를 하고 있는 중이니?" 그가 묻자,

누군가 대답했다. "압록강을 건너서 중국으로 갔어야 했는지에 대해 토론하고 있어."

폴이 우리의 대화에 참여하려는 시간은 세탁소가 문을 닫기 전에 옷을 찾아오려고 내가 막 일어나던 참이었다. 폴이 세탁소 티켓을 꺼내며 내게 말했다. "거기서 내 셔츠도 좀 가져다줄래?" 나는 티켓을 받아서 주머니에 넣었지만 그 티켓은 다시 생각도 나지 않았다. 내가 돌아오자 폴이 말했다. "그것 보단 셔츠를 더 많이 가져올 거라고 생각했는데."

"네 셔츠에 대해선 완전히 잊고 있었어." 친구들은 내 대답을

재미있어 했고 폴도 흥미있어 했다. 나는 정말로 그의 셔츠에 대해 잊고 있었다. 폴은 어떻게 내가 자기 셔츠를 가져다 줄 것이라고 생각할 수 있었을까? 우리가 결혼한 후 그는 딱 한 번 나에게 자신의 셔츠를 다림질해 달라고 했었다.

그런데 그때도 역시 다림질을 하지 않게 되어 버렸다.

폴은 내가 듣는 수업을 함께 듣기 시작했다. 폴의 새로운(나는 이것이 진실이길 바란다) 관심사가 된 강좌는 캐롤 퀴글리 박사의 아프리카 문화와 언어에 대한 흥미있는 강좌였는데 그로 인해 우리는 친구가 되었다. 어느 날 저녁, 평화봉사단(Peace Corps)[10]의 초대 단장인 사전트 슈라이버[11]가 연설을 하러 조지타운 대학에 왔는데 폴이 청중에게 그를 소개하게 됐다. 그 와중에 그가 무심코 내게 말했다. "끝나고 나가서 맥주 마실까?"

나는 대답했다. "맥주? 난 별론데"

폴은 당황하지 않고 말했다. "디저트는 어때?" 아마도 폴은 얼떨결에 내 마음의 문을 여는 열쇠를 발견했던 것 같다. 다름 아닌 초콜릿이었다. 우리는 나가서 디저트를 먹었고 그것이 로맨스로 발전되어 긴 여정을 걸어온 우리 관계의 시작이 되었다.

---

10 미국 정부가 미국 안에서 모집했던 청년 중심의 봉사자를 훈련 · 파견하는 단체. 1961년 설립.
11 미국 정치가, 대통령 특별보좌관, 주프랑스 대사 등을 지냈고, 케네디 대통령의 누이와 결혼했다.

대학 4학년 때는 더 자주 데이트를 하기 시작했는데 그렇다고 오로지 데이트만 했던 것은 아니다. 어느 날 조지타운의 달그렌 성당에서 함께 미사를 마치고 캠퍼스를 가로질러 예수회의 묘지에 갔다. 그렇게 작은 묘지에 다닥다닥 붙어 있는 묘비들을 보고나니 묵상하는 분위기가 되어 예수회의 철학과 우리의 인생에 대한 대화를 나눴다.

"어른이 되면 뭘 할 거야?" 나는 장난치듯 폴에게 물었다.

그의 대답은 나를 놀라게 만들었다.

"나는 너를 찾으러 갈 거야." 그 말은 그가 우리가 함께 하는 미래를 꿈꾸고 있다는 첫 번째 실마리가 됐다. 적어도 그것은 정말로 좋은 시도였다.

1년 후 폴은 달그렌 성당에서 나에게 청혼을 했다. 지금도 나는 그 순간의 기쁨을 온전히 떠올릴 수 있다. 그 후에 우리는 볼티모어로 갔고 폴은 당당하게 나와 결혼하겠다는 말을 했다. 아버지는 그 때 이미 폴을 알고 있었고 매우 좋아했지만 다른 아버지들과 마찬가지로 누군가에게 자신의 딸을 보낸다는 일을 크게 반기지는 않았다.

그러나 무엇보다도 아버지가 원하지 않은 일은 이 사실을 어머니에게 직접 이야기해야 한다는 것이었다. 아버지는 우리가 직접 얘기해야 한다고 극구 강조했다.

내 말을 들은 어머니는 매우 슬퍼하며 외쳤다. "세상에! 세상에!"

그녀는 눈물 고인 눈으로 내게 말했다. "나는 네가 항상 우리 곁에 있을 것이라고 생각했어."

나는 "엄마는 내가 수녀가 될 것이라고 생각했지요." 라고 속으로 말했다.(실제로 말을 하진 않았다.)

대신에 나는 웃으며 말했다. "엄마, 저는 폴을 사랑해요. 그와 결혼하고 싶어요."

결혼식이 열리기 전 주말에 워싱턴에서 '일과 자유를 위한 행진' 이 있었다. 나도 일손을 도우러 그곳에 갔는데 그 행사의 장중함과 엄숙함은 매우 인상적이었다.

결혼식 준비를 위해 볼티모어에 가야했기 때문에 마틴 루터 킹 목사의 연설을 끝까지 들을 수는 없었다. 남편의 가족들은 캘리포니아주에서부터 며칠을 앞당겨 오는 중이었다.

비록 킹 목사의 "나에게는 꿈이 있습니다.(I Have a Dream)"라는 연설을 직접 듣지는 못했지만, 다음 날 "현재의 긴박한 상황"에 대한 그의 간곡한 호소를 읽고는 대단한 감동에 휩싸였다.

오늘날 나는 그 행사에서 연설을 했던 또 다른 민권 영웅, 존 루이스의원과 함께 의회에서 일하는 영광을 누리게 됐다. 행동으로 옮겨야 한다는 그의 주장과 이뤄 놓은 것에 대해 경계를 늦

추지 말라는 충고를 들을 수 있다는 것은 분명 축복받은 일이다.

우리의 아름다운 결혼식이 열린 1963년 9월 7일, 어머니는 밝게 웃었고 – 그녀는 내가 얼마나 행복해 하는지 알고 있었다 – 아버지는 록 앤 롤 밴드의 연주가 시작되기 전까지 볼룸댄스를 춰서 내 친구들을 감탄시켰다. 신혼여행을 다녀온 직후 우리는 뉴욕에 신혼집을 마련했다. 23세의 새 신부였던 나의 세상은 남편을 중심으로 돌아가기 시작했다.

뉴욕은 폴과 내가 가족의 울타리를 벗어나 살게 된 유일한 장소였다. 우리에겐 뉴욕이 있었고 서로에겐 서로가 있었다. 그리고 전혀 시간이 없는 듯한 와중에도 세 명의 딸이 태어났다. 낸시 코린이 태어났고 18개월 후에 크리스틴이, 그리고 1년 뒤에 재클린이 태어났다.

뉴욕에서는 우리의 조촐한 가족과 빈스 볼프강이 함께 지냈다. 폴은 빈스를 필라델피아 외곽에 있는 멜버른 기숙고등학교의 상급생일 때 만났다. 그는 조지타운에서도 그랬고 뉴욕에서도 결혼 전까지 폴의 룸메이트였다. 둘 다 은행에서 근무했는데 빈스는 체이스 맨하탄 은행에서, 폴은 퍼스트 내셔널 시티 은행에서 일했다. 몇 년 후, 빈스는 미래의 부인인 엘리샤 우슬라를 만났고 그들은 아직까지도 조지타운과 트리니티 그룹의 가족으로 살고 있다.

나는 매우 행복한 젊은 아내였고 엄마였으며 그 시간 동안은 로스쿨에 대한 생각은 잊고 지냈다. 내 생활은 기저귀 갈아주기나 시간 맞춰 식사 준비하기, 공원에서 놀아주기 등 아이들과 관련된 소소한 집안일들 위주로 돌아가고 있었다. 나는 그런 생활을 사랑했다.

자신을 위한 시간을 가질 수 있었던 유일한 때는 아이들이 낮잠을 잘 때였다. 아이들이 잠들면 나는 빨래를 하기 전에 주저앉아 뉴욕 타임즈 신문의 단어 퍼즐을 풀면서 초콜릿 아이스크림을 먹곤 했다. 그것이야 말로 나의 생존전략이었다. 십자 단어 퍼즐과 초콜릿...

요즘에도 여전히 그렇다.

나는 나만의 작은 세상에 살고 있었지만, 그래도 시사 문제에 대해서는 지속적인 관심을 갖고 있었다. 심지어 1966년 중간선거 때는 자원봉사를 하기도 했다. 비록 많은 일 – 단지 민주당 후보를 위한 전단지 뿌리기 정도(아이 유모차를 밀면서) – 을 했다고 말할 수는 없지만 말이다.

나는 정치에 대해 관심이 많았고 개인적으로도 오빠인 토미를 통해서 정치와 연결된 느낌을 갖고 살았다. 토미는 아버지의 뒤를 이어 정치를 했고 1967년에 볼티모어의 시장이 됐다. 오빠는 본래부터 훌륭한 정치가였고 아버지와는 다른 방식을 가진 설득력 있는 연설가였다.

토미는 아버지보다 침착했고 더 세련됐으며 신중하기도 했다. 토미의 임기 중에는 볼티모어를 비롯해 미국 전역의 중심 도시에서 인종문제가 동시에 일어났는데 안정을 유지하기 위해 혼신의 힘을 다했다. 오래된 사고방식으로 가득 찬 도시에서 그는 자신이 믿는 인종 평등의 원칙을 지키기 위해 홀연히 나서야 했다. 그런 연유로 어떤 지역에서는 평판이 매우 나쁘게 나 있었다. 이제야 웃으며 얘기하는데 (지금은 웃으며 얘기하는 것이 훨씬 쉬워졌다.) 그의 행렬이 지나갈 때면 어떤 곳에서는 그가 나타나기 전부터 야유가 쏟아졌다고 한다.

토미는 최전선에 있었지만 나는 아기를 키우고 있었다. 하지만 1968년의 괴상하고 끔찍한 사건은 모든 미국인을 정치 토론장으로 이끌었다.

베트남에서의 전쟁 상황은 심각했다. 3월에는 존슨 대통령이 재선에 출마하지 않겠다고 선언했다. 그리고 며칠 후 킹 목사가 살해됐다. 민주당 전당대회가 다가오고 있었는데 당은 쓰라린 내분을 겪고 있었다.

토미는 바비(로버트) 케네디를 지지했지만 이제는 원로 정치인인 아버지는 허버트 험프리를 지지했다. 아버지와 토미는 매릴랜드주에서 열린 전당대회에서 자신의 후보가 대표로 선출되게 하기 위해 서로 대항하여 논쟁을 했는데 그것은 심각한 세대간 싸움이었다.

그러다가 바비가 살해되고 토미는 좌절했다.

바비 케네디와 킹 목사의 죽음은 5년 전 달라스에서 있었던 케네디 대통령의 암살이라는 끔찍한 사건을 상기시켰고 미국은 슬픔과 불신의 소용돌이에 빠지고 말았다. 토미와 그의 부인 마지, 나와 폴, 아버지 모두가 분열된 채 시카고에서 열린 민주당 전당대회에 참석했다. 폴과 나는 두 세계에 한 발씩 들여 놓고 있었다. 우리는 전당대회가 열린 곳에도 갔고 호텔 맞은편 공원에서 열린 반전 운동가들과 경찰의 대치도 보러 갔다. 경찰은 곤봉과 방패를 들고 있었다.

전당대회는 경비원들이 대의원과 기자들을 상대로 싸우면서 매우 소란스러워 졌다. 연단에서의 연설도 과격해졌다. 에이브라함 리비코프 상원의원이 시카고 경찰의 '게슈타포 전법'을 비난하자 리차드 데일리 시카고 시장은 격분했다.

허버트 험프리가 지명됐지만 민주당은 여전히 분열된 상태였다. 특히 부통령인 험프리가 존슨의 베트남전 정책과 관련이 있었기 때문에 더욱 그랬다. 나 역시도 전쟁은 반대했지만 민주당 후보의 백악관 입성을 원했기 때문에 "험프리를 대통령으로"라는 전단지를 아파트 문 밑으로 밀어 넣고 다녔다. 아이 넷을 가진, 한 눈에 봐도 임산부인 내가 아이들을 유모차에 태우고 다녔다.

그 당시 누군가 내게 쉴 틈이 없는 것이 아니냐며 물었을 때 나는 아니라고 답했다. 그 질문 자체가 어느 정도 불만을 내비치는 것이었기 때문인데 나는 나에 대해 만족스러웠고 내게는 아이를 낳고 돌보는 일이 가장 신나는 일이었다.

하지만 내가 영원히 식사와 빨래, 집안일만 하며 사는 것을 원했던 것은 아님을 항상 느끼고 있었다. 여전히, 아이들이 자라고 나면 로스쿨에 가겠다고 생각했다.

비록 로스쿨에 가지는 못했지만 우리가 의회에서 통과시키는 법을 미국 전역의 로스쿨에서 가르치고 있다는 사실에 나는 만족감을 느낀다.

# 5

## | 새로운 것에 마음을 열어라 |

*Be Open to the New*

폴과 결혼했을 때 기회가 되면 캘리포니아주에 살게 될 가능성이 있을지도 모른다는 생각을 했다. 폴은 자신의 고향인 샌프란시스코를 무척 좋아했다. 그곳은 민주당이 매우 우세한 지역이고 이탈리아계 미국인도 많아서 나에게도 매우 행복한 곳이기도 하다. 1960년에 로스엔젤레스에서 있었던 민주당 전당대회에 가던 도중 그 때 부모님과 함께 처음으로 가 본 이후 계속 샌프란시스코를 좋아했다.

폴의 고향에 가기로 한 결정은 갑작스럽게 하게 됐다. 1969년 1월 23일 뉴욕에서 넷째 폴 주니어가 태어난 바로 그 날, 폴이 샌프란시스코에 새로 생긴 공립 금융계 회사에서 일할 것을 제안 받았다. 실리콘 밸리[12] 붐이 일기 시작한 상황에서 새로운 시장에 유리한 입지를 차지할 좋은 기회였다. 폴은 말했다. "만약 우리가 언젠가 캘리포니아에 간다면 지금이 바로 그 때야."

폴은 그 곳의 뿌리 깊은 집안의 세 아들 중 막내였다. 그의 부모님인 존과 코린은 샌프란시스코의 이탈리아계 미국인 사회에서 자랑스러워하는 분들이었다. 두 분 모두 1900년대 초반 이탈리아 출생으로, 존은 포텐자의 남부지방, 코린은 루카에서 멀지 않은 투스카니에서 태어났다. 존은 젊은 시절에, 코린은 어린 아이일 때 부모님과 함께 캘리포니아로 이민을 왔다.

그들은 매우 특별하며 친절했다. 존은 다섯 개 언어를 읽고 말하는데 능통했고 코린(우리 가족에겐 '나나'로 불렸다)은 천사 같은 사람으로 최고의 엄마이고 할머니였다. 그들은 가족을 사랑했고 오페라와 정원을 매우 좋아했다. 1930년 이후 그들은 성 빈센트 드 폴 가톨릭교회의 교구민들에게 늘 헌신적인 모습을 보였다. 그 성당은 요즘에도 폴과 내가 다니는 곳이다.

신앙은 펠로시 가족에게 항상 중요했고 강인함의 원천이었

---

12 고도의 전자산업이 밀집된 샌프란시스코만의 남쪽 분지를 통칭하는 말로, 일반적으로는 첨단 산업단지라고 함.

다. 나나가 "디어 데이비드"라 부르던 그들의 아들을 1957년에 교통사고로 잃었을 때와 한참 뒤 비극적인 화재로 두 명의 손녀를 잃었을 때 그들이 힘을 낼 수 있었던 것은 신앙이 있기 때문이었다.

샌프란시스코로 돌아갔을 때 우리는 미망인이 된지 얼마 안 된 폴의 어머니, 그리고 민주당에서 활동을 시작한 폴의 형제인 로날드 가족과 가깝게 지내게 됐다. 1967년에 로날드는 샌프란시스코 행정 위원회(Board of Supervisors)[13]에 선출됐고 나중에는 그 의장이 되었다.

우리가 대규모 이사를 하게 됐을 때 폴 주니어는 생후 4주 밖에 안 된 상황이었다. 공항을 무리지어 통과해야 하는데 나는 갓난아이와 세 명의 꼬마 숙녀들을 잘 데리고 갈 자신이 있었다. 낸시는 네 살, 크리스틴은 두살 반, 재클린은 8개월 때였다.

비행기에서 아이들에게 "캘리포니아야, 우리가 간다"라는 노래를 세 번 불러준 후 폴이 나를 돌아보며 말했다. "당신에게 말할 것이 한 가지 있어. 샌프란시스코에서의 첫 날 밤을 어머니

13 county 지역의 행정책임을 맡는 기구.

집에서 보내지 않으면 어머니께서 매우 슬퍼하실거야."

나는 남편을 바라봤다. 워낙 우리는 호텔에서 묵기로 했었다. 우리는 아이들을 위해서 미리 그리 정했었다. 폴은 또한 내가 나만의 공간이 필요한 사람이라는 것도 알고 있었다.

우리는 나에게 중요한 두 가지에 대해 합의를 했었다. 한 가지는 샌프란시스코로 이사한 후에도 뉴욕 타임즈 신문을 매일 받아보는 것이었고, 다른 한 가지는 다른 누구의 집에서도 머물지 않아야 한다는 것이었다.

시어머니인 나나는 매우 사랑스러운 분이었고 나 또한 절대 시어머니를 실망시키고 싶지 않았다. 그러나 이렇게 계획이 바뀌는 것이 기분 좋은 일은 아니었다.

폴이 말했다. "제발, 낸시. 딱 하룻밤만 자고 나오는 거야."

우리는 그 곳에서 4개월을 지냈다.

아파트나 주택을 찾으려고 했는데 대가족에게 집을 빌려주려는 사람이 아무도 없었다. 그래서 계속 집을 찾아다녔다. 나나는 끝도 없이 언제나 친절했지만 네 명의 아이를 데리고 시어머니와 함께 4개월을 지내는 것이 어떨지 상상해 보라. 아이들은 매우 사랑스러웠지만 우리만의 공간과 일과가 없었기 때문에 매우 산만하고 정신없이 굴었다. 나는 최선의 상황을 만들려고 노력했다.

어느 일요일 아침, 폴과 나, 네 명의 아이들은 나나의 거실에 있었고 나나는 옆방에 있었다. 여자애들은 마루 위에서 놀고 있었고 나는 아기에게 아침을 먹이고 있었다. 폴과 나는 서로를 마주보다가 이 상황을 파악하고는 웃었다.

나는 말했다. "어쨌든 우리는 행복한거에요. 우리가 없는 당신을 생각해봐요."

놀랍게도 그 순간, 나나의 목소리가 옆방으로부터 크고 분명하게 울려왔다.

"변호사!"

우리는 웃음을 터뜨렸다. 폴은 내가 로스쿨에 가고 싶어 했다는 것을 알고 있었다. 그는 몇 년 전에 변호사가 되는 것에 흥미를 잃었다. 나는 적어도 로스쿨 입학시험(LSAT)[14]은 봤었는데 그는 그 시험도 보지 않았다.

분명히 변호사는 아들에 대한 나나의, 그녀의 관점에서 나온 오랜 꿈이었는데 결혼과 아이들의 출생으로 계획이 틀어졌다.

마침내 몇 달간의 탐색 후, 완벽한 임대 조건이 나타났다. 큰 집인데다 대가족에게 필요한 모든 것이 이미 갖추어진 곳이었다. 아이들에게 안전한 곳이었고 그네 세트와 모래 상자가 있는

---

14 Law School Admission Test

아름다운 뒷마당도 있었다.

매우 감격스러웠고 황홀했다.

나는 그 곳에서 독립적이면서 내가 원래 계획했던 대로 정리된 일상에서 살게 될 것을 기대하고 있었다. 계약을 마무리 짓기 전에 어떻게 우리가 살 수 있게 된 건지 물어봤다. 집주인이 대답했다. "오, 남편이 보건, 교육, 복지부(Department of Health, Education, and Welfare) 차관으로 임명됐거든요. 그래서 우리는 동부로 가서 닉슨 행정부에 합류할거에요."

나는 가라앉은 기분으로 부동산업자에게 말했다. "죄송하지만, 이 집에서는 살 수 없어요."

부동산업자가 나를 빤히 쳐다봤다. "뭐라구요?" 잠시 후 그녀가 말했다. 그녀는 내가 얼마나 많은 집을 봐왔는지 알고 있었다. 집주인으로부터 - 때론 정중하고 때론 무례하게 - 아이들 네 명인 사람보다는 네 마리 개를 기르는 사람에게 집을 빌려주는 게 낫겠다는 말을 듣기도 했다. 그녀는 내가 시어머니의 집에서 나오길 얼마나 원하는지도 알고 있었다.

"우리는 여기서 살 수 없을 거에요." 나는 다시 한 번 말했다. "리차드 닉슨의 당선 때문에 가능해진 곳이라면 어느 곳이라도 살 수 없어요."

그래서 다시 나나의 집으로 돌아왔다.

이것은 딸 알렉산드라가 태어나기 전의 일이었는데 그녀는 이 이야기로부터 나에 대해 알아야 할 모든 것을 알게 됐다는 말을 자주 하곤 한다.

아이를 키우는 일은 힘든 일이다. 부모님으로부터 물려받은 것 중 감사하게 생각하는 두 가지 재능은 강한 열정과 높은 직업의식이다. 정치에서는 너무 많은 위기 상황이 펼쳐지고 그런 시간들이 언제까지고 계속된다. 이렇게 거친 곳에서 얻은 나의 경험으로 보아도 솔직히 모든 일 중 가장 어려운 일은 가족을 보살피는 일이라고 말할 수 있다. 가족을 보살피는 것은 가장 큰 기쁨이기도 하고 뒤돌아 보았을 때 좋은 기억이 되기도 하지만, 그 일을 한다는 것은 엄청나게 압도당하는 일이다. 그것은 정말 끊임없이 지속되는 일이기도 하다. 엄마들은 이 사실을 잘 알고 있다. 낸시 코린이 태어난 지 얼마 안됐을 때 나의 어머니는 내게 이런 말을 했다. "그렇게 작고 귀중한 녀석이 정말 많은 손을 필요로 한다는 걸 생각해 본 적이 있니?"

뉴욕에서의 어느 날, 낸시, 코린과 크리스틴을 태운 유모차를 밀며 걸어가고 있었다. 나는 그 때 재클린을 임신해서 배가 많이 나왔을 때였는데, 쌍둥이 아들을 둔 이웃집 여자가 내게 다가와서 말했다. "도움을 청해요! 당장 사람을 쓰세요! 여유가 안 되면 은행에서 돈을 빌려서라도 도우미를 부르세요!"

나는 그녀의 충고를 듣지도 않았지만 아이가 더 많아지자 도우미를 부르는 것은 불가능해졌다. 6년 동안 다섯 명의 꼬맹이들을 낳은 가족을 위해 일하고 싶어 하는 사람은 아무도 없었기 때문이다.

솔직히 말하자면 아이를 돌보는 것은 사람을 강하게 만드는 훈련인데 직업윤리를 갖춘 데다 그런 훈련을 거치면 무슨 일이든 잘 할 수 있게 된다. 나는 이따금씩 최고의 인생을 살고 있고 때로는 최악의 날들도 알고 있다는 말을 하곤 한다. 어떤 날엔 세수를 할 시간도 없었다. 기저귀를 가는 시간의 터널 끝 빛이 보이자마자 그 불빛이 몇 년 동안 지속될 또 다른 기차의 불빛임을 알게 된다.

아이들을 위해, 온전한 정신을 위해 우리는 이것이 전쟁이라는 것을 절대 누설하지 않는다. 그러나 엄마들은 이를 잘 안다.

폴과 나는 집을 빌릴 것이 아니라 사야 한다는 생각을 하기 시작했고 머지않아 좋은 곳을 발견했다. 그 곳은 우리가 원했던 것보다 컸다. 수리가 필요하긴 했지만 프레시디오 테라스라 불리는 아름다운 원형의 골목에 위치한 곳으로 도시 한가운데에 있던 1491에이커의 군사기지와 인접해 있었다.

주변에 아이들도 많았는데 우리 아이들이 자라면서 자기들만의 친구들 그룹을 만들기도 했다. 바깥에서 놀기 좋은 곳이라 자전거나 스케이드 보드를 타는 모습, 공차는 모습, 숨바꼭질을 하는 모습 등으로 거리에는 항상 활기가 넘쳐 보였다.

그 때까지 우리 아이들은 네 명이 학교를, 한 명은 유치원을 다니고 있었는데 우리에게는 우리만의 일과가 있었다. 아이들은 아직도 우리의 가훈과 관련해서 나를 놀리곤 한다. "적절한 준비는 형편없는 작업을 예방한다."

아침이면 아이들은 침대를 정돈한 후(필수), 방을 정리하고(강력하게 권함) 아침 식사가 준비되어 있는 주방으로 내려왔다. 나는 아이들이 밖으로 나가기 전에 신발과 교복, 치아를 검사했다. 폴과 나는 아이들의 머리를 빗겨주었다. 중요한 것은 머리를 땋을 것인지 하나로 묶을 것인지 였는데, 어느 날은 서두르는 바람에 재클린이 한 쪽은 땋은 채로 다른 한 쪽은 그냥 묶은 채로 학교에 갔다. 우리는 자주 카풀을 해서 학교에 태워다 주곤 했다. (때때로 코트 속에 잠옷을 입고)

방과 후에는 아이들은 간식을 먹고 숙제를 한 다음, 밖에 나가서 놀았다. 엄마들에게 주는 나의 기본적인 규칙(또는 단지 살아남기 위한 또 다른 수단)은 아이들을 집 밖으로 내보내라는 것이다. 우리 집에는 낡은 큰 놋쇠종이 있어서 저녁시간에 아이들을 부를 때면 계단에 서서 그 종을 울렸다. 여기저기서 심지어는 나무 밑에서 총총 걸음으로 달려오는 아이들의 모습은 언제나 놀랍게 느껴졌다.

저녁을 먹은 후 아이들과 나는 점심도시락 가방을 준비하고 미국 가정의 저녁 일과가 그렇듯 아침 식사를 위한 식탁 정리를 했다. 그 다음에는 불을 끄기 전까지 숙제를 더 하는 것이다.

아이들이 프레시디오 테라스에서 노는 것 외에도 우리는 프레시디오에 있던 줄리어스 칸 운동장에서도 많은 시간을 보냈다. 거기서 아들들끼리 모래 상자 속에서 놀고 있을 때, 샌프란시스코에서의 첫 번째 친구이자 평생친구인 케이 킴튼 워커를 만났다. 우리는 여름에 가족끼리 마린 카운티에 있는 벨버디어에 여러번 갔는데 그 곳에서 함브레히트 가족과 친분을 쌓았다. 워커 가족과 함브레히트 가족, 그리고 우즈 가족(이들은 충실한 공화당 지지자였음에도 불구하고)은 우리에게 미국 서부생활의 친구들이 되었다.

당시 테라스에서 우리와 가장 친했던 친구들은 엄격한 민주당 지지자들인 라우터 부부와 슈클라 부부, 구겐하임 가족(민주당 당원 여부는 모름)이었다. 샌프란시스코에 있을 때는 아이들을 통해 대부분의 친구들을 만났고 아직도 가족들끼리 친하게 지내고 있다. 우리는 훌륭한 친구들이었던 게티 부부의 소개로 리키 재단에서 몇 년 동안 일하기도 했다. 나는 고고인류학이나 인간의 기원, 영장류의 습성에 대해 더 많은 것을 배우기를 좋아했다. 그리고 나의 아이들에게도 좋은 과학을 익히는 기회였다. 그들은 어렸을 때 제인 구달[15]을 만나는 데 감격했고 좀더 크니까 케냐에 가서 리차드 리키[16]와 함께 땅을 파려고 했다.

우리의 집은 결국, 미래 나의 정치생활에 있어서 중요한 역할을 하게 되었는데 아마도 그 곳에 살게 된 것은 운명이었던 것 같다. 우리가 처음 이사했을 때 친구가 잠깐 방문했는데 이런 말을 했다. "오, 굉장히 넓은 집을 마련했구나. 여기서 민주당 행사를 많이 열게 될거야." 우리는 웃어 넘겼지만, 결국 그 말은 사실이 됐다.

사실 그 집은 정치행사를 열만큼 충분히 컸고 한때는 집에 가구가 별로 없었기 때문에 민주당 파티를 제안할 수 있었다. 정

15 영국의 동물학자, 침팬지 연구가, 환경 운동가.

16 1944년 태어난 인류학자로, 케냐에서 야생청 감독관으로 있으면서 환경보호 운동과 연구를 병행.

확히 말해서 폴과 나는 접대를 자처할 수 있었던 것이다. 나는 한결같은 손님들의 반응이 재미있었다. "더 많은 손님들을 들어오게 하려고 가구를 내놓다니 정말 현명하군요." 나는 속으로 말했다. "여기 있는 게 가구의 전부에요."

나의 직업은 전업주부(full-time mom)였기 때문에 엄밀히 말하자면 내가 하는 그 밖의 다른 일들은 모두 자원봉사에 속했고 공식적인 직함은 없는 것들이었다. 그러던 어느 날 샌프란시스코의 시장 조 엘리오토로부터 전화를 받았다.

그 시장은 세 집 건너 아래에 사는 이웃이었다. 폴은 엘리오토의 자식들을 알고 있었고 성장하면서 그들을 지도하기도 했다. 그리고 또 다른 관계가 있었다. 엘리오토와 나의 오빠 토미는 같은 시기에 미국 대도시의 시장이 됐고 그 둘은 서로 잘 알고 있었다. 그렇다 해도 5시에 걸려온 이 전화는 조금 이상했다.

"낸시, 뭐 하고 있는 중이었나요?" 조 엘리오토가 물었다.

"파스타에 파지올리(콩으로 만든 파스타로 아주 흔한 이탈리아 음식)를 잔뜩 만들고 있는 중이었나요?"

나는 웃으며 고개를 저었다. 조 엘리오토는 정력적인 정치가인 동시에 훌륭한 전직 고전학자로 연설에서 고대 그리스와 로마의 역사를 자주 인용했다. 그는 또한 다소 구식 생각을 갖고 있어서 오후 다섯 시에 내가 할 수 있는 유일한 일은 요리라는 생각을 떠올렸던 것이다.

나는 대답했다. "아뇨, 파스타를 만들고 있던 건 아니에요. 신문을 읽고 있었어요."

그는 말했다. "훌륭하군요, 훌륭해. 낸시, 나는 당신을 도서관 운영위원으로 임명하고 싶어요. 이제는 당신의 노력을 공식적으로 인정받을 때에요. 그래서 이렇게 전화를 걸었어요."

나는 말했다. "오, 시장님, 저는 공식적인 인정이 필요한 게 아니에요. 저는 자원봉사자로서 일하는 것에 만족해요. 저는 도서관을 사랑하고 케빈을 사랑해요."

케빈 스타는 최근에 그의 아내 쉐일라와 함께 하버드대학에서 돌아왔고, 당시 샌프란시스코 시립도서관의 사서였다. 엘리오토 시장이 임명한 사람으로 도서관을 흔들어 놓고 있어서 몇몇 위원회 위원들은 불만을 품고 있었다. 나는 시장이 그들에게 좀 더 우호적인 사람을 임명하려는 것임을 즉각 알아차렸다.

"지금 케빈에게는 당신이 필요해요. 나도 그렇구요." 그는 말했다. "게다가 이 모든 자원 봉사 활동은 무엇이에요? 공식적인 지위도 없이 말이에요. 언젠가 당신도 공직에 출마하겠죠. 위원회 위원으로서 도시에서 알려지는 것이 나중에 도움이 될 거에요. 이건 중요한 일입니다."

나는 말했다. "시장님, 저는 공직에 출마할 생각이 전혀 없어요."

"낸시, 도서관을 무척 좋아하잖아요. 이번이 절호의 기회에요. 한번 생각해 보세요."

나는 소녀 시절에 볼티모어에 있는 에녹 프랫 프리 도서관에서 보냈던 수많은 행복한 시간들을 떠올렸다. 그 곳에는 아름다운 어린이 도서관도 있었고 나중에는 멘켄의 방(Mencken Room[17])도 만들어졌다. 나는 내가 이야기와 책과 도서관, 그리고 샌프란시스코를 얼마나 좋아하는지 생각해봤다.

나는 임명을 받아들이기로 결심했다.

내가 위원이 되었을 때 위원회는 많은 사람의 회의 참여를 위해서 중앙 도서관에서 회의하던 관례를 버리고 지역사회와 도시 전역의 소규모 도서관에서도 열기로 결정했다. 내가 처음 이 회의에 갔을 때 한 표를 행사할 수 있는 위원이라는 사실 때문에 사람들이 내가 무슨 생각을 하는지에 대해 신경 쓰고 있다는 것을 곧 알게 됐다. 그들은 나의 의견을 듣기 위해 나에게 전화를 했다. 이제 나는 지역사회와 공식적으로 관련을 맺게 됐다. 나는 그 사실이 매우 흡족했다.

나의 고향은 볼티모어이고 내 삶의 여행이 시작된 곳도 그곳

---

17 미국의 저술가, 편집가.

이지만 샌프란시스코로 이사함으로써 나는 흥미롭고 도전적인 길을 갈 수 있게 되었다. 고향 근처에 머물렀던 사람들은 오빠들이었다. 그들은 각자의 분야에서 뛰어난 인물들이 되었다. 네 명은 자랑스럽게도 나라를 위해 군복무를 했다. 토마스 3세, 프랭클린 루즈벨트, 니콜라스, 헥터, 조셉, 이 다섯 사람 모두 한 번 이상 볼티모어시의 공적 업무에 종사했다.

나는 이미 멀리 날아갈 운명의 사람인 듯 했다.

# KNOW YOUR POWER

| 2부 |

# 주방에서 의회로

KITCHEN TO CONGRESS

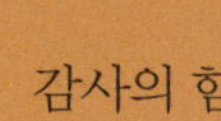

## 감사의 힘

나는 종종, 우리가 가족, 친구들과 함께 할 수 있는 날들의 소중함에 늘 감사해야 한다고 말한다. 그들은 우리의 강인함의 원천이고, 만일 그들이 없었다면 우리는 의회에 올 수 없었을 것이다. 사랑하는 이와 함께 하는 시간을 감사히 여기며 그 시간에는 일을 내려놓고 집중해야 한다.

– 사진은 2008년 10월 사상 최대 규모인 7천억 달러의 구제금융법이 표결 끝에 하원에서 가결되는 광경

# | 기회를 알아차리다 |

*Recognize Opportunity*

나의 정치 경력은 캘리포니아에서 시작됐지만, 운명이 늘 뜻대로 안되듯, 내가 더 높은 곳으로 갈 수 있는 발판이 된 건 매릴랜드주와의 인연이었다. 1976년에 제리 브라운이 대선에 출마하기로 했을 때였다.

제리는 갓 선출된 캘리포니아 주지사였다. 그는 진보적인 민주당원인 동시에 재정적으로는 보수주의자였는데, 취임하자마자 환경 문제에 대한 확고한 소신을 내비추면서 "작은 것이 아름답다"라는 주장으로 파란을 일으키기도 했다. 주지사 저택 대신 작은 아파트에서 살았고 리무진 대신 소형차를 타고 다녔다.

몇몇 전국 언론 인터뷰를 통해 그는 유명인사 또는 미래의 목소리로 자리매김하고 있었다.

제리의 가족과 펠로시 가족은 친분이 있었지만 나는 그를 잘 몰랐다. 나보다는 남편인 폴이 그를 훨씬 잘 알고 있었다. 제리와 폴의 동생 데이비드는 성 이나시오 고등학교에 다닐 때 같은 반이었다. 브라운 가족과 로날드 펠로시 가족 사이에도 친분이 있었다.

제리가 대통령 출마를 결심했을 때는 이미 3월이었기 때문에 경선에 뛰어들기에는 너무 늦은 감이 있었다. 캘리포니아주 예비선거는 6월에 있을 예정이었고 제리는 그곳에서의 선거운동에 집중할 생각이었다.

나는 이 전략이 걱정스러웠다. 6월이 되기 전에 많은 일들이 있을 것이라고 생각했기 때문이다. 어느 날 캘리포니아주 의회 의장이자 제리의 선거대책 위원장인 레오 맥카시와 대화를 하다가 내가 걱정하고 있던 바에 대해 얘기를 꺼냈다. "제리 브라운이 정말 대통령 선거에 나가고 싶다면, 캘리포니아주의 결과만 기다리고 있으면 안돼요. 그 때 쯤이면 너무 늦어서 이미 지명될 사람이 정해지게 될 거예요. 만약에 그가 정말로 캘리포니아주에서 이기고 캘리포니아주 민주당을 관리하려면 정말로 더 서둘러야 해요."

나는 캘리포니아주 보다 두 달 먼저 매릴랜드주에서 예비선거가 있다는 것을 잘 알고 있었다. 또 얼마 전에 매릴랜드주 국무장관이 선언하기를 어느 주이든 간에 인정된 후보는 자동으로 매릴랜드주에서도 후보가 될 수 있다고 했다.

그래서 나는 레오에게 말했다. "매릴랜드로 갑시다. 그 곳에서 싸움을 시작해야 해요." 이 말을 레오가 제리에게 전했고 제리도 관심을 갖게 됐다.

나의 오빠인 토미는 1971년에 볼티모어 시장 임기를 마쳤지만, 그 때까지도 대중으로부터 많은 관심을 끌고 있었다. 오빠는 제리의 사상과 가능성에 대해 흥미를 갖기 시작했고 선거운동에 힘을 불어 넣어줬다. 토미는 우리의 친구이기도 한 볼티모어 카운티의 행정관 테드 베네툴리스를 끌어들였다. 그는 대규모 지역 단체를 갖고 있었고 곧 그 효과가 나타났다.

제리의 승인이 있자마자, 우리는 선거운동에 바로 착수했다. 선거운동 첫 날 밤에 제리가 왔는데 볼티모어 시내의 호텔로 상당히 많은 사람들이 모여들었다. 수천 명의 사람들 - 대부분 젊은이 들이었다 - 이 그를 보기 위해 왔다. 군중이 너무 몰려와서 거리로 밀려 나갔는데 실제로 군중들은 제리의 말 한마디, 한마디에 환성을 질렀다.

그를 보기 위해 수천 명의 사람들이 모이는 모습은 주 전체 지역에서 볼 수 있었다. 3주일간의 집중적인 선거운동이 있은 후, 제리는 매릴랜드주의 인기투표에서 승리했고 우리는 더 많은 예비선거에서 이기기 위해 나아갔다. 결국 마지막에 지명을 받은 것은 지미 카터였지만, 실질적으로는 제리야 말로 확고한 정치적 기반을 다진 셈이었다.

매릴랜드주 예비선거가 끝나고 며칠 뒤 캘리포니아로 돌아온 제리를 보고 사람들은 열광했다. 대규모 환영 파티가 열린 자리에서 제리는 말했다. "나의 매릴랜드주 선거운동의 전체 기획자는 낸시 펠로시입니다."

8월에 뉴욕에서 열린 민주당 전당 대회에 우리는 캘리포니아주 대표이자 민주당 연방 위원회의 일원으로 참석했다. 취미로 했던 나의 정치 활동이 갑작스레 중대한 변화를 맞고 있었다. 엘리오토 시장도 이제는 내가 주방에서 적어도 한 발자국 이상 바깥으로 나왔다는 것을 인정할 거라는 생각이 들었다.

나는 종종, 어떤 계기가 평범한 가정주부를 하원의장의 길로 가게 했냐는 질문을 받는데, 그럴 때마다 제리 브라운 진영에서의 선거 운동이 중요한 역할을 했다고 답한다. 그것은 제리에게도 마찬가지다. 사람은 자신이 걸어온 길을 회상을 통해서만 볼 수 있다. 사람에 따라 다르겠지만 언제나 거기에는 지나온 단계가 있다. 기회를 인지하고 위험요소들을 평가한 후, 행동에 옮

김으로써 성공에 이르는 단계가 바로 그것이다.

그 해 가을, 제리는 내게 전화를 해서 내가 캘리포니아주 민주당 의장에 출마하면 좋겠다고 말했다.

영예로운 일이었지만 동시에 깜짝 놀랄 일이었다. 캘리포니아주의 민주당은 미국에서 가장 규모가 큰 주의 정당이었다. 그때까지 내가 주로 했던 정치활동이라고는 민주당 후보를 돕는 일 뿐이었고, 그것은 당의 내부에서 일하는 것과는 다르다고 할 수 있었다. 게다가 주지사의 승인이 선거에 필적할만한 힘이 있다고는 하지만 당의장 자리는 선출직이었다.

정치적 입장에서 보면, 제리의 나에 대한 선택은 잘 받아들여질 수 없겠다는 생각이 들었다. 나는 주의 민주당 모임이나 중앙위원회에도 참여해 본 적이 없었다. 나에게는 그런 경험이 전혀 없었다. 게다가 당에서 인정받는 두 명의 뛰어난 인물들이 의장직을 두고 한창 치열한 경합을 벌이고 있던 와중이었다. 그 둘도 제리 브라운의 열렬한 지지자들이었다.

내 첫 반응은 "제발 누군가 다른 사람을 찾아보세요."였다.

이런 상황에 주의회 의장인 맥카시가 끼어들었다. "제리는 완전한 자기 사람을 원해요. 당의 북부지역 의장으로 출마하는 건

어때요? 그렇게 되면 꼭대기까지 가기 위해 밀려나는 사람은 아무도 없게 되는 것이니까요."

항상 그랬듯이 레오의 말은 옳았다. 나는 1977년에 민주당의 캘리포니아주 북부 지역 의장으로 선출됐다. 나의 선거 전단지 제목은 "낸시 펠로시 – 자원봉사자"였다.

2년의 임기를 두 번 마친 후, 이번에는 주의 의장직 선거에 출마했고 압도적인 표 차로 승리했다. 두 가지 일을 하는 동안 주 전체에 대한 식견을 넓히게 됐다. 사람들은 자주 캘리포니아주 남부와 북부의 차이에 대해 말하지만 캘리포니아에서 진짜 차이가 있는 곳은 동부와 서부라는 것을 알게 됐다.

캘리포니아주의 내륙 쪽 사람들은 온건주의자인 반면, 해안 쪽 사람들은 진보주의자적 성향을 갖고 있다. 의장으로서 모든 민주당원들의 합의를 얻어내기 위해 논쟁 이슈를 정확하게 헤아리고 판단하는 방법도 배웠다. 이런 경험을 통해 국가적 차원에서도 일을 잘 할 수 있었다.

내가 주 정당의 의장자리에 있는 동안 우리는 1984년 민주당 전당대회를 샌프란시스코에서 개최하려는 노력을 벌였다. 경쟁이 치열했는데, 시민대표인 월터 쇼렌스타인, 당시 시장이었던 다이엔 파인스타인, 주의회 의장 윌리 브라운, 그리고 내가 의장을 맞고 있던 주최위원회까지 모든 이들의 리더십 덕분에 승리를 거두었다.

전당대회 위원장 이었던 로즈 와이먼은 나의 가장 친한 친구 가운데 한 명이 되었다. 수완이 좋고 통솔력이 있었던 로즈는 월터 몬데일과 게리 하트 양 진영의 수많은 지지자들을 수용할 수 있는 훌륭한 전당대회를 계획했다. 모든 이들이 주지사인 마리오 쿠오모의 기조연설을 기대에 가득 차 기다렸고 그는 "언덕 위의 빛나는 도시"[18]라는 이상향을 제시함으로써 매우 눈부신 모습을 보여주었다.

몬데일이 지명된다는 것이 확실해지자 그는 러닝메이트로 제럴딘 페라로를 지목했는데, 부통령 후보로 여성이 된 것은 역사상 처음 있는 일이었다.

제럴딘의 지명이 전당대회 뿐 아니라 그 넘어까지 불씨를 일으켰던 감격의 파고는 말로 설명하기가 어렵다. 그녀가 얻은 반응은 커다란 동요였고 기쁨 자체였다. 비록 11월에 있었던 선거에서 몬데일 - 페라로 후보가 당선되지는 못했지만, 여성을 부통령 후보로 지명함으로써 여성을 위한 새로운 기반이 다져졌던 것이다.

18 당시 부유층의 세금을 삭감하고, 빈곤층의 복지 예산을 줄이면서 사회 전체의 빈익빈 부익부 현상이 심해지던 레이건 정부의 실정을 비난한 연설. "언덕 위의 빛나는 도시"는 젖과 꿀이 흐르는 풍요로운 미국을 의미하는 것으로 레이건 대통령이 자주 쓰던 비유였으나, 이 연설에서 쿠오모는 공화당 정부가 그것과는 반대의 길을 가고 있다고 비난했다.

# | 조직화해라 하지만 괴로워하진 말아라 |

*Organize, Don't Agonize*

11월 선거가 끝난 뒤, 친구들은 내게 민주당 연방위원회의 의장으로 출마하라고 독려했다. 이에 대한 질문을 받았던 남편 폴의 답변을 나는 결코 잊을 수 없다. "내가 할 수 있는 모든 것을 돕고 싶소. 왜냐하면 이건 당신 자신을 위해 당신이 하고 싶어 하는 첫 번째 일이거든."

매우 따뜻한 배려의 말이었지만 놀랍기도 했다. 나는 그런 식으로 생각하진 못했었다. 거의 동시에 나에 대한 민주당 동료들의 비난이 시작된 상황에서 그의 지지는 더욱 특별했다. 나는 어떤 동료는 나를 지지할 수 없다는 사실도 이해할 수 있었고,

그들의 결정과 다른 이들에 대한 충성도 또한 존중했다. 나를 공격하는 사람들 때문에 놀랐다고 말하지는 않겠지만 나는 슬펐다. 사람들이 종종 말하는 것처럼, 정치적으로 가장 가까이 있는 사람들이 당신을 가장 아프게 하는 위치에 있기도 하다.

매우 실망스러운 상실감이었지만 그로 인해 나는 더욱 강해졌다. 나에게 큰 도움이 되어준 정치 동료들이 하는 말이 있었다. "조직화해라. 하지만 괴로워하진 말아라(organize, don't agonize)." 2년 뒤, 살라가 자신의 의원직에 나를 후보로 지명했을 때 나는 이미 전투태세를 갖추고 있었다.

살라의 자리에 출마한다는 것은 매우 큰일을 물려받는 것이었다. 살라는 놀라운 여성이었다. 그녀는 무심코 보아 넘기는 것이 없었고 남편의 예기치 못한 죽음 때문에 대신 의원직을 맡게 됐을 때, 자신이 유능한 하원의원임을 이내 증명했다. 필립과 더불어 일했던 그 모든 세월 동안 그녀는 이미 의회의 안팎 사정을 익히 알게 되었다. 그녀의 좌우명은 "시작부터 효율적으로 일하기(Effective from the Start)"였는데, 실제로 그에 걸맞게 행동했다.

필립 버튼이 처음으로 주의회에 진출한 때는 1950년대 중반이었고, 1964년에는 연방 하원의원으로 선출됐다. 그는 키가 크고 강건했으며 자신의 의견에 대해서는 고압적이어서 대화를 주도하는 법을 터득하고 있었다. 그는 매우 진보적이었고 자유주의 선동자였다. 필립에게는 그만큼이나 훌륭하고 열정적인 남동생 존이 있었다. 필립이 의회에 간 다음 해, 존은 캘리포니아주 의회에서 일하게 됐다. 나중에 그도 역시 의회의 일원이 되어 훌륭하게도 버튼 형제는 샌프란시스코를 대표하는 존재가 됐다.

주의회 의원에 당선되기 직전, 필립은 2차 대전 때 가족과 함께 미국으로 이주한 폴란드계 유태인인 살라 갈렌테와 결혼했다. 그녀는 한 번 이혼한 상황이었고 어린 딸이 있었다. 필립이 큰 소리를 내는 사람이라면 그녀는 매우 부드럽게 말하는 사람이었다. 그들은 젊은 민주당원들의 행사에서 만났는데, 결혼식을 올릴 때도 젊은 민주당원들의 행사가 열리고 있는 기간이었다. 그들은 결혼식을 마치자마자 그 행사로 바로 돌아와 참석했다. 버튼네 사람들을 모르고서는 샌프란시스코에서 민주당의 일부가 될 수 없었다. 시간이 지나면서 살라와 나는 절친한 친구가 되었다.

살라가 나에게 출마를 권유한 후, 내가 처음으로 의견을 물었던 사람은 남편 폴이었다. 폴은 말했다. "그래, 당신은 선거에 나가야 해, 이길 수 있을 거야. 하지만 다른 사람들이 좋다고 해서가 아니라, 단지 당신이 원하는 것이라면 말이지." 늘 그랬듯이 훌륭한 충고였다.

우리는 내가 선거에 출마함으로써 우리 가정에 미치는 영향에 대해 진지하게 생각해야 했다. 주변에서 선거운동은 혹독한 것이라고 했다. 또한 선거에서 승리하는 것은 곧 개인적으로나 직업적으로 가족에게는 큰 희생을 의미한다는 것을 알고 있었다. 문제는 "그것이 그럴만한 가치가 있는가?"였다.

나의 경험, 그리고 나와 같은 많은 여성들의 경우로 보면, 개인의 상황을 놓고 봤을 때의 대답은 "그렇다"이다. 여성의 목소리를 공론의 장으로 가져올 기회를 갖는 것은 훌륭한 것임에 틀림없다. 진짜 문제는 "얼마나 버티느냐"이다. 그런데도 가야 할까? 대답은 역시 "그렇다"이다. 그것은 자신에게도 가치 있고 국가에게도 필요한 일이다.

그리하고 나서 우리는 아이들에게 이야기를 했는데 아이들은 너무나 좋아했다. 하지만 나의 가장 큰 걱정은 막내딸 알렉산드라였다. 다섯 아이 중 유일하게 캘리포니아에서 태어나 곧 고등학교 상급생이 될 아이로, 유일하게 우리와 함께 살고 있던 아이였다. 알렉산드라는 어떤 의미에서 가장 힘든 아이였다. 사춘기 때는 반항적이었는데, 다른 것보다도 특히 옷을 멋대로 입었다. 해이트 애시베리[19]에서 1달러를 주고 옷을 가져오곤 했는데, 1960년대산 남자 셔츠 등 무엇이든 마음에 들면 고르곤 했다.

추수감사절 만찬 때도 검정 하이탑 스니커즈[20]를 신었다. 몇몇 어른들이 "알렉산드라, 요즘 젊은 애들은 다 그렇게 신니?"라고 물어보자 "네. 그리고 아줌마도 이렇게 신게 될 거예요."라고 대답했다.

몇 달 뒤 자선 패션쇼에 참석했을 때 모델들이 정말 검정 하이탑 스니커즈를 신고 있는 모습을 보고는 그런 질문을 했던 이들이 놀라움을 금치 못했던 것은 당연한 일이었다.

나는 자유로운 영혼을 가진 막내가 무엇을 느꼈을지 감히 안다고 생각하며 또한 미안한 마음을 금할 수 없다. 결국, 그 엄청나고 예상치도 못한 일들의 연속일 선거 운동(정말 의회에서 일하게 될 상황은 더할 나위도 없을 것이고)은 다른 아이들 보다는 그 아이에게 더 큰 영향을 미쳤을 것이다.

나는 그녀에게 말했다. "알렉산드라, 살라가 자신의 자리에 내가 후보로 나가기를 원했어. 적절한 때가 아니라는 걸 알아. 1년 뒤, 네가 대학에 갔을 때라면 훨씬 좋겠지. 하원의원이 되면 월요일에 샌프란시스코에서 떠났다가 목요일 밤에 돌아올 거야. 이 일이 정말 큰일이라는 걸 알아. 그래서 네가 원하지 않으

19 미국 샌프란시스코의 한 지역, 60년대 히피와 마약 문화의 중심지
20 발목 부분이 긴 운동화

면 안할 거야. 어느 쪽이든 나는 행복한 결정일거라고 약속할 수 있단다."

대답을 길게 기다릴 필요도 없이, 알렉산드라가 말했다. "엄마, 엄마 인생을 사세요."

나는 내 작은 진심이 담긴 말을 하면서 좋은 엄마가 되려고 그렇게 노력했는데 나의 어린 딸은 나에 대한 입장 그 모든 것을 한 마디로 표현했다. "엄마 인생을 사세요." 그리고 나는 그렇게 했다.

이제 알렉산드라에게 찬성의 축복을 들었으니 나는 다른 사람들에게 이 소식을 전했다. 선거운동의 대표가 될 존 버튼, 나의 친구이자 조언자인 레오 맥카시, 남부 캘리포니아주 의장 선거 때 나를 지지했던 마리오 쿠오모, 그리고 그 전 해에 있었던 민주당 상원의원 선거위원회에서 내가 재정을 맡아 도왔던 상원의원 조지 미첼이 그들이었다.

사실 마리오 쿠오모와 조지 미첼은 언젠가 내가 공직에 출마해야 한다는 얘기를 늘 해왔었다. 살라가 자신의 자리를 내게 주고 싶어 한다는 얘기를 듣고 그들은 모두 나를 격려해 주었다.

내가 나의 선거관리인으로 데리고 오고 싶은 사람이 있었는데 그가 바로 클린트 레일리였다. 그는 나를 빠르게 현실로 돌아오게 했다. 여러 선거운동 경험을 가진 백전노장 클린트는 도시 전체를 여러모로 분석하고 여론 조사로 보완하여, 내가 동성애자한테 질 것이라는 충격적인 결론을 내렸다.

실제로 나의 가장 큰 적수는 동성애자인 카운티 행정 감독관이었다. 나의 예비 선거관리인이 말했다. "샌프란시스코에는 동성연애자의 표가 많기 때문에 그가 이길 거예요." 선거에 출마한 다른 두 명의 강력한 후보인 흑인 여성과 아일랜드계 남성 한 명에 대해서도 언급했다. 그들 역시 카운티의 행정 감독관이었다.

"당신은 2등을 할거예요." 클린트는 계속 말했다. "왜냐하면 당신이 1등을 해야 할 도시 몇 곳에선 여자가 이긴 적이 한 번도 없습니다."

나는 그의 말을 끝까지 듣고 말했다. "그거 아세요? 만약 당신의 계산이 정확하다면 나는 이길 거예요. 첫째, 나는 경쟁자들 보다 더 조직화를 잘해요. 둘째, 당신이 이 곳에 대해 파악하지 못한 게 하나 있어요. 그건 바로 이탈리아계 미국인들이죠. 그들은 모두 나에게 표를 던질 거예요."

그가 대답했다. "당신 말이 맞아요. 그들이 당신에게 투표할 가능성이 있죠."

클린트는 나와 계약을 맺었고 민주당 내에서의 나의 리더십과 입법성과들을 연관시켜 선거 운동에 대한 계획을 세웠다.

우리는 겨우 6주일 안에 조직을 만들고 나에 대한 추천서를 정리하고 백만 달러를 모아야 했다. 그리고 이 모든 일이 살라의 죽음을 애도하면서 동시에 해야만 했다. 우리의 오래된 구호인 "조직화 하되, 괴로워하진 말아라."는 우리를 계속 집중하게 만든 원동력이었다.

내 선거운동의 선거대책 공동위원장이 되어 준 존 버튼은 말했다. "살라는 정말 뛰어난 사람이에요. 그녀가 보증을 한 사람이 6주일 안에 백만 달러를 모을 수 있는 능력있는 사람이니까요." 캘리포니아와 전국을 통틀어 나의 출마를 지지해 주는 사람이 그렇게 많았다니 나는 운이 좋은 사람이었다.

그 때의 나는 지금과는 다른 사람이었다. 나는 헌신적인 민주당원이었고 파티를 근사하게 여는 사람이었지만 어느 면으로 봐도 대중적인 사람은 아니었다. 후보자로서 나 자신을 홍보하는 것은 어려운 일이었다. 하지만 어느 분야건 간에 누군가에게 어떤 방법으로든 자신을 지지해달라고 요청해야 한다면, 스스로 상황을 만들어야만 한다. 의회의원 출마는 겁쟁이를 위한 것이 아니다.

다행히, 폴은 배후에서 매우 협조적이었다. 선거구에 살아야 하는 것이 법적인 의무는 아니었지만, 그리고 우리는 선거구에서 단지 몇 블럭 떨어진 곳에 살고 있었지만, 우리가 선거구에 살고 있지 않다는 것이 정치적 부담으로 작용할 수 있다는 예감이 들었다.

이번의 이사는 폴의 몫이었다.

그는 곧바로 새 집을 찾기 시작했다. 그가 면밀히 조사한 후 다섯 군데를 제시했고 우리는 한 곳을 정했다. 내가 선거 운동을 하는 동안, 그는 짧은 기간에 우리 가족의 모든 세간들을 옮겼다.

나의 하루는 종종 버스 정류장에서 오전 5시에 시작해 늦은 밤까지 이어졌다. 선거운동에 나가지 않는 시간은 전략을 세우는 시간이었다. 한 번은 하루 종일 밖에 있다가 집에 갔더니 깜짝 파티가 기다리고 있었다. 우리의 프레시디오 테라스 집에서 친구들이 기금 모금 행사를 열었던 것이다. 집 안에는 가구가 하나도 없었다(이번엔 정말로). 피아노 한 대와 수백 명의 사람만 있었다. 그 외의 모든 것은 새집으로 옮겨져 있었다.

살라의 자리와 같은 의원석은 자주 나오는 공석이 아니었기 때문에, 매우 격렬한 경쟁이 될 것임을 알고 있었다.

나는 존 버튼에게 물었다. "상대방들이 나를 공격하기 시작하면 어떻게 해야 하죠? 어떻게 자연스럽게 넘어가죠?"

존이 재빨리 대답했다. "무슨 생각을 하는 거예요? 그들은 당신을 공격하지 않을 거예요. 당신은 첫 번째 투표에서 아마도 별표(asterisk : 잘 안 알려져 있으니까 아예 미루어 놓을 것이라는 뜻)일거예요."

그러나 이상하게도 결과는 달랐다. 첫 번째 여론조사에서 내가 29%의 지지를 얻었고 2위가 14%, 그 다음이 각각 11%와 9%의 지지를 얻었는데, 이 이야기를 전하던 존의 함박웃음을 잊을 수가 없다.

알고 보니 잘 알려진 다른 후보들에 비하여 새로운 얼굴이라는 점이 나에게 유리하게 작용했던 것이다. 나는 기존에 선출된 기득권 세력이 아니었다. 당시 상대방에 대한 나의 연설은 다음과 같았다. "분명한 얘기지만, 사람들을 잘 안다는 것이 그들을 사랑한다는 것은 아닙니다." 그리고, 분명히 그 점은 사실이었다.

나에 대한 호감으로 가장 중요하게 작용했던 것은 살라가 나를 인정했다는 사실이었고, 존은 그런 내용의 광고지를 돌리게 했다. 나는 최선을 다하겠다며 살라를 안심시켰는데, 그것은 내가 살라에게 지키기로 한 약속이었다.

폴의 어머니(나의 시어머니)는 나의 가장 열성적인 지지자 중 한 명이었다. 나나는 나의 선거운동을 위해 친구들과 '나나 군단'을 결성하였다. 그들은 지역에 사는 8천명의 이탈리아계 미국인들에게 끊임없이 전화를 걸고 엽서를 보냈다.

나나의 친구들은 성당 홀에서 빙고를 하고 있는 이들에게 접근하는 방법에 대해서도 내게 충고를 해 주었다. 대부분의 정치인들이 말을 길게 하는데 그것은 오락게임에 몰두하고 있는 이들에게는 짜증나는 일이란 점이었다.

나는 들어가서 재빨리 말했다. "안녕하세요. 저는 낸시 펠로시이고 이번에 의회 선거에 출마했습니다. 바빠 보여서, 시간을 오래 빼앗고 싶지 않네요. 4월 7일 선거일에 저를 기억해 주십시오."(선거일을 언급하는 것은 언제나 중요한 일이다) 그리고 자리를 뜨기 전에 내가 호감을 샀는지 확인했다. 호감을 사면 항상 큰 환호 소리가 나는 법이다.

여론조사에서 내가 1위를 달리게 되자, 경쟁자들은 곧 나를 격렬하게 공격했다. 캘리포니아주 북부 민주당선거 때처럼 내가 잘 알고 있는 사람들로부터 나에 대한 나쁜 말이 나왔다. 그들은 내가 집에서 그들을 위해 파티도 열어주었던 사람들이었다. 비난 가운데 어떤 것들은 너무나 잔인했다. 그러나 이번에는 나도 준비가 되어 있었다.

사람들이 내게 이런 말을 한다. "그런 싸움판에서 어떻게 버티는지 믿을 수가 없다." 나의 대답은 이러했다. "나는 예전에도 비난을 받아 보았습니다. 이제는 왜 내가 그런 일을 겪어야 했는지 알게 되었습니다. 그 사람들은 나를 탈락시키지 못할 것입니다."

그리고 그들은 그렇게 하지 못했다.

폴과 아이들은 모든 비난에 대해 각자 훌륭하게 나를 옹호해 주었을 것이 틀림없다. 하지만 나에게 부담을 주지 않으려고 말을 안했을 뿐이다. 반면, 친구들 중에는 내게 전화를 걸어, "너에 대해 악담하는 광고지를 받았다는 걸 알면 놀랄 거야. 정말 끔찍한 내용이야."라고 말하곤 했다.

나는 말했다. "그런 걸로 나를 우울하게 하지 말아줘. 문제가 있다면 밖으로 나가서 자원 봉사자를 모집해 줘. 그리고 나의 선거운동을 위해 기금을 모아주면 좋겠어."

친구로서 그들은 나를 보호하려고 한 것이었지만 내가 가장 절실한 것은 전면에서 우리와 함께 하는 것이었다.

사실 나에 대한 비난 가운데 몇 가지는 재미있는 내용이기도 했다. 이러저런 전단지와 광고지에서는 나를 '딜레탕트'[21]라고

21 dilettante 문학 · 예술의 애호가. 문학 등을 좋아하기는 하지만 실제로는 잘 모르는 사람

했는데, 많은 이들이 철자 때문에 혼란스러운 듯 했다. 그것을 '데뷰탕트'[22]와 같은 의미 정도로 생각하는 경우도 있었기 때문이다.

그들이 보기에 나는 데뷰탕트가 되기엔 너무 나이가 많아 보인다고 생각했을 것이다!

그러한 공격들은 오히려 역효과를 냈다. 왜냐하면 많은 유권자들로부터 나왔던 반응이 "그들이 지적할 수 있는 가장 나쁜 점이 고작 이것인가?"였기 때문이다.

나의 아이들은 무슨 일이 있더라도 내가 이길 것이라는 확신을 갖고 있었고, 모두 자발적으로 선거운동에 참여하여 일을 거들었다. 실제로 크리스틴은 나를 돕기 위해 조지타운대학을 한 학기 동안 휴학하기도 했다.

많은 이들이 아직도 우리 집에 어린 아이들이 있을 것이라고 생각했다. "아이들은 누가 돌보나요?"라는 질문을 여러 번 들었는데, 그 때 마다 나는 "우리 아이들은 다 자라서 오히려 엄마를 돌보고 있답니다."라고 대답했다. 1987년에는 더 많은 여성이 공직에 진출하는 것을 매우 보고 싶어 했던 가장 진보적인 사람들 중에도 어린 아이들을 둔 엄마가 의회의원에 출마하는 것을

---

22 debutante 사교계에 처음 나온 여자

염려하는 사람들이 있었다.

또 다른 이중적인 시각은 언론들의 시각이었는데 – 물론 대중들도 역시- 여성 후보자들의 의상과 머리 모양을 세세한 부분까지 살피는 것이 그랬다. 다른 남자 후보들은 그런 정밀 검사를 받지 않았다.

어느 날, 내가 가진 옷 중에 가장 좋은 옷 – 폴이 생일 선물로 특별히 사주었던 – 을 입고 선거 운동을 하고 있었다. 나는 유권자를 찾아 미용실에 들어갔고 신문기자와 텔레비전 기자들도 따라왔다. 한 여성이 나를 가리키며 처음 했던 말이 "난 저 옷 알아요."였다.

나는 착잡한 마음으로 생각했다. "세상에, 내 옷을 알아봤어."

내 가슴은 뛰기 시작했고 이 사랑스러운 여인은 조용히 있지 않았다. "난 어디서든 저 옷을 알아 볼 수 있어요." 그녀는 외쳤다. "나는 저 옷이 너무 좋아요".

나는 기사 제목이 어떨지 상상할 수 있었다. "디자이너 옷을 입은 펠로시 선거운동"

그녀는 계속해서 말했다. "나는 어느 곳에서든 저 옷을 알아 볼 수 있어요." 그리고 덧붙여 말했다. "내가 제일 좋아하는 무늬. 심플리시티 124!"

"하느님 감사합니다 !"

존 버튼과 나는 수백 명의 지지자들로 구성된, 진짜 대중을 기반으로 하는 조직을 만들어내고 있었다. 도대체 그 많은 사람들이 어디서 나타난 것인지 내게 물어보는 경우가 있다. 많은 이들이 1984년에 내가 주최 측의 의장을 맡았던 민주당 전당대회 때의 자원봉사자들이다. 나에게 자원봉사자들 한 사람 한 사람이 브이아이피(VIP)였고, 나는 그에 걸맞게 그들을 대우해줬다. 내가 하원의원에 출마한다고 하니까 그들이 열성적으로 나를 도왔던 것이다. 나에게는 지역 여기저기를 걸어 다니며 세를 모으고 결국 내게 표로 돌아오게 만드는 수백 명의 사람들이 있었다. 이들을 통해 나는 그런 조직화가 성공에 있어 대단한 비결이 된다는 것을 알게 되었다.

이런 일은 내가 어릴 적, 아버지가 처음으로 볼티모어 시장 선거에 나갔을 때 본 적이 있다. 선거 날 이른 아침 나의 아버지와 큰 오빠 사이의 대화가 기억난다.

"어떻게 생각하세요? 우리가 어떻게 될 것 같아요?" 토미가 묻자 아빠가 대답했다. "옥상으로 가보자." 우리 집의 옥상에서는 선거 중앙본부 건물을 볼 수 있었다. 아침 5시부터 선거운동 용품을 받으려는 사람들이 모여들었다. 그 용품들이 선거구역의 자원봉사자들에게 건네지면 그들은 투표 독려를 위해 집집마다 방문하기로 되어 있었던 것이다.

토미와 아버지가 앨버마르가 245번지인 우리 집 옥상으로 올라갔을 때 그들은 선거 본부를 향해 사방에서 모여드는 헤드라이트를 볼 수 있었다.

조직이 움직이고 있었다.

"우리가 저들에게 승리를 가져다 줄 거라고 생각한다." 아버지는 이렇게 말했다. 그리고 결과가 나왔고, 그의 말이 옳았다. 아버지는 시장이 되기 위한 힘든 싸움에서 승리했던 것이다.

얼마나 많은 사람들이 당신에게 표를 줄지 예측하기 위해, 우리는 표를 세는 방법을 알아야 할 필요가 있었다. 투표자를 나의 편으로 만들기 위해서는 모든 단계에서 조직화가 이루어져야 한다. 이것이 달레산드로 모델이었다. 이것은 또한 버튼 모델이기도 했고 샌프란시스코에서도 그 효과를 보았다.

동부에서는 우리 달레산드로 가족이 나를 지지해 주었다. 선거운동을 하는 동안 아버지는 계속 이런 말을 했다. "나를 걱정하진 말아라. 난 너의 선서식에 가기 위해 입장권을 얻을 필요가 없거든. 나는 바로 들어갈 수 있단다. 전직 하원의원들은 바로 들어갈 수 있거든."

나는 말했다. "아버지, 저는 아직 선거에서 이긴 게 아니에요."

아버지가 말했다. "음. 넌 선거에만 신경 써. 내가 선서식장에 들어갈 수 있을지에 대해선 걱정 말고."

그리고 자신의 시장 선거 때 토미를 앨버마르 집 옥상에 올라가게 했던 것처럼 나의 선거운동 상황을 점검하러 토미를 샌프란시스코로 보냈다.

토미는 내가 얼마나 멋진 대중조직을 갖고 있는지 알게 되었다. 그는 정말 많은 수의 자원봉사자 요원들을 보았던 것이다. 토미는 그때, 전쟁터에서 진짜 선거전쟁이 전개되고 있음을 목격했다. 아버지에게 전화를 하자 아버지가 물었다. "그래, 어떻더냐? 낸시의 선거운동 상황이 어떻게 진행되고 있느냐? 조직은 잘 되어 있니?"

토미가 말했다. "네. 지지자들에게 낸시는 진짜예요. 그들을 열심히 뛰게 할 거예요. 단지 다른 선거 진영이 어떤지가 문제지요."

정말로 그랬다. 선거 일주일 전, 우리는 "투표수를 세라"는 가장 중요한 달레산드로 법칙을 적용하여 보았다. 우리는 예상되는 결과를 여러 가지 방법으로 계산해 보았다. 만약 나에게 매우 나쁜 상황이 되고 – 즉, 만약에 나의 지지자들이 내가 당연히 이길 것이라고 예상하고 투표를 하지 않는 상황 – 경쟁자에게는 가장 좋은 상황이 형성될 경우, 나는 500표에서 1000표 차이로 지게 될 처지였다.

그래서 우리는 5천표의 펠로시 표를 더 얻기 위해, 한층 더 노력했다. 5천이라는 숫자를 목표로 한 것은 그렇게 되길 바라는 희망이기도 했고 우리가 넉넉하고 안전한 표 차이를 얻기 위함이었다. 우리는 일찍부터 전국 농장 노동자 연합의 전 창립자 두 명을 선거 진영에 영입했는데, 그들은 프레드 로스 주니어와 마샬 간츠로, 나의 '밖으로 나가 표 얻기' 전략을 전문적으로 기획했다. 농장 노동자 연합의 방법은 매우 훈련되어 있고 정확했는데, 연합 창립자인 시저 샤베즈와 돌로레스 후에르타는 우리 모두에게 영감을 주는 존재가 되었다. 자원봉사자가 모집되면 그들은 아무리 작은 일이라도 약속한 모든 일을 해내야 했다. 마지막 주에 나의 자원봉사자들은 한 번 더 집집마다 방문하는 일을 해주었다.

그 방법은 효과적이었다.

선거 날 나는 4천표 차이로 의회의 하원의원이 되는 첫 선거에서 승리했다. 폴과 아이들, 나나와 모든 시댁 식구들, 나의 형제들과 친지들, 그리고 물론 나의 부모님까지, 이 모든 가족들은 기뻐서 어찌 할 줄 몰랐다.

역사상 아버지를 이어 하원의원이 된 여성, 딸은 내가 처음이었다. 아버지는 몇 번이나 놀라움과 함께 자랑스러워 하셨다. 아버지에게 당신이 의회에서 일한 지 거의 40년 만에, 볼티모어에서 3천마일이나 떨어진 곳에서 달레산드로의 이름을 빌리지 않고도 내가 선거에서 이겼다는 사실은 무척 자랑스러운 일이었다.

그리고 그는 취임식에 들어갈 때 별도의 입장표가 필요하지 않다는 사실을 다시 한 번 내게 상기시켰다.

다양한 방법으로 조직화를 할 수 있었고, 그 모든 방법이 선거날에 작동을 하여서 나는 이길 수 있었다. 한편으로는 정치가문에서 자란 것이 확실히 도움이 되었고, 또 한편으로는 엄마로서 기량을 닦았던 조직화 기술 또한 매우 중요한 역할을 했다.

언젠가 친구 중 한명이 내게 말했던 것처럼 말이다. "나는 그녀가 성공할 줄 알았어요. 그녀의 집에 갈 때면 꼬맹이들이 세탁물을 접어서 차곡차곡 정리해서 쌓아 놓는 것을 보곤 했죠."

이미 온 마음으로 사랑하게 된 도시 샌프란시스코의 시민들에게 봉사하기 위해 나는 이제 의회를 향하고 있었다. 샌프란시스코와 같이 다양한 모습을 지닌 한 도시를 대표하도록 준비할 수 있게 해 준 볼티모어에서 내가 자라면서 무엇을 배웠는지 라는 질문을 받을 때 마다 나는 내가 가진 이탈리아계 미국인 혈통에 대한 자부심이 바로 다른 이들 나름의 자긍심도 인정하게 만들었다고 답하곤 한다.

샌프란시스코는 모든 인종, 국적, 종교, 정치적 신념들이 섞여 있는 축복받은 곳이다. 우리는 게이, 레즈비언, 양성애자 그리고 성전환자들의 사회가 다양하게 공존함을 자랑스럽게 여긴다. 나는 항상 샌프란시스코의 아름다움은 다양함의 혼합과 공존에 있다고 말한다.

워싱턴에서 집으로 돌아오면, 차이나 타운이나 저팬 타운, 미션, 베이 뷰, 그리고 그 밖의 여러 곳들을 다니면서 다양함을 만끽한다. 미국이 그렇듯이 우리도 다른 도시나 나라에서 온 새로운 사람들 덕분에 계속해서 활기를 되찾는다.

샌프란시스코는 자본주의 도시이기도 하고 강한 노조의 도시이기도 하다. 이 곳은 골드러시 시대에 개척자들의 목적지였고, 그런 정신 속에서 지역사회의 발전, 개인권리의 신장, 환경 보호를 이어오고 있다. 이것들은 우리에게 논쟁거리가 아니라 우리의 소중한 가치임에 틀림없다.

샌프란시스코 사람들은 자신의 가족들을 돌보는 방법에서도 앞서 나간다. 샌프란시스코의 모든 아이들은 25세가 될 때까지 의료혜택을 받게 되어 있다. 또 최저임금 보다 높은 최저 생활 임금도 보장한다. 이런 많은 것들이 게빈 뉴섬 시장의 리더십 덕분인데 그는 샌프란시스코를 미국에서 가장 푸르른 도시 중

하나로 만든 장본인이기도 하다.

우리 도시는 믿음과 자비의 도시인 덕분으로 진정 희망의 도시이기도 하다. 아시시의 프란치스코 성인(St. Francis of Assisi)[23]이 우리 도시의 수호성인이고 프란치스코의 기도가 우리 도시의 노래이다.

"하느님. 저를 평화의 도구로 써주세요. 어둠이 있는 곳에 빛을, 미움이 있는 곳에 사랑을, 그리고 절망이 있는 곳에 희망을 가져오는 사람이 되게 해주세요."

이것이 나를 의회로 보낸 정신이고, 그 정신 속에서 매우 감사하는 마음으로 나는 성 프란치스코 도시를 대표하고 있다.

23 이탈리아의 수도사로서 프란치스코 수도회의 창시자

## 경청해야 할 목소리

*A Voice That Will Be Heard*

1980년대 말, 내가 처음으로 의회에 입문했을 때 나의 선거구 사람들의 가장 큰 현안은 에이즈였다. 하지만 머지않아 다른 의원들이 그 문제에 대해 관심이 없다는 사실을 알게 되었다.

내가 취임 선서를 했던 날 몇몇 동료 의원들이 말해 주었다. "당신은 한 마디도 안 해도 될 거예요. 그들이 말할 거예요. '국내외의 모든 적들에 대항하여 의원님은 미합중국의 헌법을 지킬 것을 맹세합니까?....신이여 도와주소서.' 그러면 그냥 '네'라고 대답하면 돼요. 그게 전부에요. 그런 식으로 해 왔답니다."

실망한 나는 속으로 말했다. "원 세상에... 이 모든 사람들이 캘리포니아와 매릴랜드, 그 외의 여러 곳에서 나의 선서식을 보러 왔는데 나는 한 마디도 하지 않는다고? 당국은 나의 슬로건이 "경청해야 할 목소리" 라는 걸 모르는 걸까? 어떻게 말을 안 할 수 있지?"

하지만 내가 서약을 마치자 사회를 맡고 있던 짐 라이트 하원의장이 고맙게도 이렇게 말했다. "캘리포니아에서 온 귀부인께서 한 말씀 해주시겠습니까?"

물론 매우 놀라운 일이었다. 나의 동료 의원들은 작은 목소리로 말했다. "짧게 말해요. 진짜 짧게."

그래서 나는 그렇게 했다. "감사합니다. 하원의장님. 저는 오늘 이 자리에 가족과, 전직의원이시자 제 아버지인 토마스 달레산드로 – 박수 소리가 나왔다 – 그리고 이렇게 대표로 나와 있다는 것이 자랑스러운, 멋진 도시 샌프란시스코의 시민 여러분과 함께 할 수 있어서 매우 영광스럽습니다. 선거 운동을 하는 동안 저는 약속했습니다. 제가 의회에 오게 되면 살라가 저를 여기로 보내주었다는 사실과 에이즈에 맞서 싸우러 왔다는 말을 하기로 말입니다."

내게 아무 말도 하지 말라고 말했던 의원들은 충격을 받은 것처럼 보였다. 그 후에 첫 투표를 하러 가는 나를 몇몇 의원들이 한 쪽으로 데려갔다.

"도대체 당신에 대해 처음으로 알리고 싶어 했던 것이, 그리고 당신의 우선 관심사가 에이즈와의 전쟁이라는 것이었나요?"

"음... 그것이 제가 지금 여기 있는 이유에요. 그것은 제가 가장 우선적으로 해야 할 일들 가운데 하나입니다." 우리 지역구에는 이미 그 질병으로 수백 명이 목숨을 잃었다. 우리는 인체면역결핍 바이러스(에이즈 바이러스 HIV)나 에이즈에 대해 지역사회에 기반을 둔 운동이 중요하다는 사실을 알고 있었다. 그것이 예방이든 치료든 치료를 위한 연구든 말이다.

의료와 관련하여, 미국 역사상 가장 중대한 문제 중 하나에 대한 나의 언급을 그들이 반대하는 것이 나에게는 기가 막힐 일이었다. "나는 생각했다. 나에게 왜 그렇게 말하지? 나는 이제 막 의회에서 취임선언을 했는데. 당신들은 왜 내가 여기에 에이즈와 싸우기 위해 왔다는 것을 말하면 안 된다고 얘기하는 것인가?"

내가 하원의원이 된지 얼마 안 돼, 우리 시에 있는 게이와 레즈비언 모임의 회장인 클리브 존스가 흥미로운 제안을 했다. 그는 에이즈로 죽은 환자의 가족, 친구, 애인에게 경의를 표하기 위하여 미국 전역의 사람들이 만든 천 조각으로 이뤄진 퀼트(역자주: 천조각을 이어 만든 조각이불)를 만들자고 했다. 그는 차기 시장인 아트 아그노스, 레오 맥카시, 부주지사, 그리고 내가 우리 집에서 그 사업을 발표하는 모금 행사를 열기를 원했다. 그 사업은 에이즈로 사망한 환자를 기리는 나메스 프로젝트(NAMES Project Aids Memorial Quilt)라고 불렀다. 나는 그 의견에 동의했지만 한편으론 우려하지 않을 수 없었다. 내가 어렸을 때 엄마의 설득으로 바느질을 배우기는 했지만 그 이후로 많이 해 보진 못했다. 더군다나 여전히 많은 사람들이 바느질을 하는지도 알 수가 없었다.

클리브는 행사가 성공적일 것이라고 주장했고, 정말 그의 말이 옳았다. 완성된 퀼트를 감동 없이 말하고 보는 것은 절대 불가능할 정도였다. 또한 직접 천 조각들을 바느질한 사람들에게는 치유의 효과까지 있었다.

나의 아이들과 나도 한 장 만들었는데 내 결혼식에서 꽃을 들었던, 토미의 아내인 매기의 여동생 수지 피라치를 기억하는 의미였다. 수지는 에이즈로 사망했는데, 그 질병과의 싸움에서 이기지는 못했지만 죽기 전 매릴랜드주 전역의 고등학교 교실에 에이즈 예방에 대한 메시지를 전했다.

클리브는 워싱턴의 광장[24]에서 퀼트 전시회를 열고 싶어 했다. 처음에 국립공원 측은 거절했다. 나는 동료의원들, 특히 캘

---

24 워싱턴 D.C.의 의회의사당 앞에 있는 잔디밭

리포니아주 출신 의원들로부터 공원측이 더 이상 거절할 수 없는 적극적 지지를 받아 내었다.

드디어 공원 측으로부터 승낙을 받았는데 조건이 있었다. 퀼트 아래의 토양이 숨을 쉴 수 있도록, 전시를 하는 주말 내내 20분마다 퀼트를 들어올려야 한다는 조건이었다. 그렇게 하지 않으면 잔디가 손상된다는 것이었다. 우리는 그들이 진심으로 잔디를 걱정하는 마음을 이해하며 그 조건을 받아들였다. 그들이 걱정하는 것이 단지 잔디 만이었는지는 확실치 않았지만 말이다. 그리고 클리브는 주말 내내 수천 명의 자원봉사자가 있을 것이라며 그들을 안심시켰다.

그렇게 20분마다 퀼트를 들어 올린다는 조건으로 공원 관리측은 우리에게 승인을 해 주었다. 우리의 승리가 증명되는 순간이었다. 클리브 존스는 미국인들에게, 에이즈로 생명을 잃은 이들을 위해 슬퍼할 기회를 준 셈이었다. 거대한 크기의 퀼트는 비극의 거대함을 보여주는 상징이었다. 각각의 천 조각들은 사람들 각자의 개인적인 그리움을 나타내고 있었다. 전국 뉴스에서는 하늘에서 본 퀼트의 모습을 보여주었고, ABC 뉴스에서는 클리브 존스를 그 주일의 뉴스인물로 보도했다. 우리는 뛸 듯이 기뻤다.

의회에 들어갔을 때, 나는 에이즈 소위원회에 들어가고 싶었다. 그 자리는 탐내는 사람이 꽤 많은 자리여서 나에게는 기회가 주어지지 않았다. 다행히도 에이즈와의 싸움에 있어 하원에서는 최고의 개혁운동가인, 캘리포니아주 출신 동료 의원 헨리 왁스맨이 관대하게도 자신의 의료 관련직 하나를 포기해 내가 그 자리를 맡을 수 있었다.

어떤 의원들은 HIV 보균자나 에이즈 환자들을 얼마나 공공연히 무시하던지 심지어 회의장내에서도 자신들의 편협함을 드러내곤 했는데 샌프란시스코를 대표해 온 나로서는 간담이 서늘해짐을 느꼈다.

초기에는 의원실에서 의회 본회의장으로 가는 도중에 캘리포니아주 남부에서 온 게이를 반대하는 모임의 회원이 HIV와 에이즈에 대해 그것은 신이 주는 벌이라고 고함치는 소리를 들었다. 나는 메사추세츠주 하원의원인 바니 프랭크에게 전화를 걸어 물었다. "끔찍해요. 어떻게 해야 하죠?"

나의 당황스러움을 설명하는데 오랜 시간이 걸렸나 보다. 바니가 즉시 단호하게 말했다 "낸시, 의회에 온 걸 환영해요. 이게 바로 여기서 일어나는 일이랍니다. 하지만 나에게 불평하지 말고 본회의장에서 가서 대응하세요."

그 충고는 익숙한 것이었는데, 선거운동을 하는 동안 내가 친구들에게 늘 하던 말이었기 때문이었다.

그 날 바니는 나에게 또 다른 교훈을 주었는데, 그것은 바로 동료의원에게 말할 때는 짧게 해야 한다는 것이었다. 요즘 우리의 전화 통화는 이런 식이다. "바니? 나는 낸시. 주제:, 저소득층의 주택문제. 질문: 언제쯤 의안이 준비되는가요?"

우리는 심지어 완성된 문장으로 말하지도 않았다! 단지 주제, 질문, 행동에 관한 것 뿐이었다. 그의 충고는 나에게 많은 도움이 되었다.

우리 지역의 또 다른 중요한 논제는 인권이었는데, 특히 중국에서 일어나는 일들에 관한 것이었다. 우리 지역에는 샌프란시스코에서 유명한 차이나 타운이 있었고, 베이징을 포함한 중국 전역에서 평화롭게 시위하는 사람들에 대해 중국 정부가 단호한 조처를 취하기 시작한 것에 대해 나와 마찬가지로 많은 이들이 진심으로 걱정하고 있었다. 대규모 시위는 천안문광장의 대량학살로 이어졌는데, 정부에 항의하던 사람들 중 2천명 이상이 죽임을 당했고 그 보다 더 많은 사람들이 부상을 입었다. 그 후에는 더욱 심한 억압이 뒤따랐고, 저항하는 이들은 감금되었다.

미국 전역에서 중국의 반체제인사들을 지지하는 집회가 일어났다. 중국에 있던 많은 학생과 학자들이 학생비자를 통해 미국으로 왔고, 나는 우리에게 그들을 보호해야 할 책임이 있다고 믿었다. 우리는 중국정부가 미국에서도 그들을 면밀히 감시하고 있다는 것과 시위에 참여했던 이들이 비자가 만기되어 중국으로 돌아가게 되면 체포되리라는 것을 알게 됐다.

나는 의회에서, 그들이 안전하게 고향으로 돌아갈 수 있을 때까지 미국에 머무르는 것을 승인 받도록 하기 위해 맹렬히 싸웠다. 우리는 그들을 보호하는 법안을 만들었고 상원과 하원에서 모두 통과됐다. 그러나 조지 허버트 워커 부시 대통령(아버지 부시 대통령)은 그 법안을 거부했다. 하원에서는 그의 거부를 무효화했고, 그것은 상원으로 넘겨졌다. 대통령은 그 법안에 서명하는 것을 원치 않았다. 그는 중국정부를 화나게 하는 것도 원치 않았고 우리가 이기는 것도 원치 않았다. 그는 상원을 이용하려 했는데, 심지어 상원의원들의 아내들에게 남편들이 대통령의 거부를 무효화하는 것에 반대표를 던지도록 권해달라는 자필 편지를 보낸 일까지 있었다. 부시 대통령은 여러 저항에 부딪쳤고, 마침내는 우리의 법안이 중국인들을 보호하기 위해 정확히 무엇을 필요로 하는지에 대해 행정명령(Executive Order)을 내리겠다고 했지만, 법안 자체는 무효가 돼야 한다고 말했다. 결국 법안은 처리되지 않았다. 하지만 시간이 지나도록 대통령은 행정명령을 내리지 않았다. 우리는 대통령이 결코 행정명령을 발표하지 않을 것임을 알게 되었고 아마도 그것이 애초 백악관의 계획이었을 것이라고 생각했다.

그 법이 통과되기를 바랐던 사람들은 자신들의 자필서명을 들고 워싱턴 포스트지로 갔고 신문은 그를 보도했다. 이로 인해 부시 대통령은 마침내 행정명령을 발표하게 됐다. 중국인 학생 그리고 학자들과 함께 했던 이 일은 지금까지도 내가 의회에서 했던 일 중 가장 보람 있는 노력 가운데 하나이다.

다음 해, 나는 인권 문제와 관련하여 중국에 가게 됐다. 우리 일행은 공화당의 존 밀러와 벤 존스, 그리고 외부의 인권 운동가들을 포함한 초당파적인 의회 대표단이었다. 중국 정부는 우리에게 버스를 제공했는데, 베이징 주변을 돌아다니는 것을 제한했고, 우리가 원래 가장 가고 싶어 했던 곳에는 가지 못하게 막았다. 결국 나는 내 숙소로 돌아가겠다고 말했다. 그들은 우리를 호텔로 데려다 주었는데 우리는 택시를 잡아타고 천안문 광장으로 갔다.

기자들이 따라왔다. 우리가 천안문 광장에 도착하자마자 우리는 "중국의 민주주의를 위해 목숨을 바친 이들에게"라고 적힌 현수막을 펼쳤다. 중국에 있는 동안 우리는 중국의 민주주의를 지지하는 것에 대한 공감의 표시로, 양복 옷깃에 하얀 비단 꽃을 달고 다니고 있었다. 우리는 그것을 떼어 인민영웅 기념비 앞에 놓았다.

우리 주변에는 여행객으로 보이는 사람들이 둘러싸고 있었다. 우리들의 꽃이 기념비에 놓이자, 그들은 무전기를 꺼냈다. 그들과, 그리고 인민해방군에서 온 사람들이 경찰봉을 휘두르며 우리를 따라왔다. 빨리 달리지 못하는 사람들은 곤봉에 맞았다. 우리를 따라왔던 어떤 기자들은 경찰에게 붙잡히고 필름과 비디오를 몰수당했다. 그럼에도 불구하고 누군가의 비디오가 CNN에 전달됐고, 그 날 저녁 열린 연회에서 중국 정부측 인사들은 우리의 행동에 대해 불쾌감을 표시했다. 그리고 나는 그들에게 내 생각을 말했다.

우리의 목소리는 항상 경청되어야 한다.

중국과 티베트의 인권에 관한 문제는 아직까지도 내게 매우 중요하다.

조지 부시 대통령이 2007년 10월에 의회의사당에서 달라이 라마에게 의회 금메달을 수여했을 때 매우 기뻤다.

2008년 3월, 나는 의회 대표단을 인솔해서 인도에 갔다. 우리의 임무 중 하나는 티베트 망명자들의 본부인 다람살라에 가서 달라이 라마를 만나는 것이었다. 우연히도, 우리의 방문은 티베트에서 시위가 있은 직후에 이루어졌는데, 그 시위는 오랫동안 티베트에서 일어난 것 중 가장 대규모 시위였고 이후 중국의 강력한 탄압이 있었다.

"티베트는 세계의 양심에 도전하고 있다." 나는 마을의 중앙 사찰 밖에 모인 청중들에게 말했다. "전 세계의 평화를 사랑하는 사람들이 중국과 티베트에서 일어나는 압제에 대해 말하지 않는다면, 세계 모든 곳의 인권을 위하여 언급할 모든 도덕적 권위를 잃는 것입니다."

그 곳을 방문하던 동안, 민권운동[25] 때 간디의 비폭력주의에 대해 배우러 인도에 왔었던 마틴 루터 킹 목사에 대해 생각했다. 흥미롭게도 "진리의 고수"라는 의미를 가진 산스크리트어 satyagraha는 "비폭력주의"와 동의어가 되었다. 그것이 바로 민권운동이 말하고자 하는 것 - 불평등과 분열의 공포 위에 진리의 밝은 빛을 비추는 것 - 이다.

우리는 또한 인권학대를 폭로하면서 진리를 주장해야 한다. 정치범들에게 가장 고통스러운 벌은 세계에서 그 어떤 사람도 그들이 감옥에 있다는 것을 기억하지 못하고 그들에게 관심이 없다고 전해주는 것이라고 한다. 나와 우리 동료들이 할 수 있는 일은 그들이 잊혀지지 않았음을 알게 하는 것이다. 미국에서는 그들의 명단을 갖고 있는 우리가, 의회 본회의장에서 그 이름들을 호명하기도 하고 중국의 당국자와 접촉하게 될 때면 언

25 미국의 민권운동, 특히 1950~60대 사이에 있었던 흑인 차별 철폐 운동

제나 그 목록을 보여주기도 한다. 우리는 많은 수감자들을 해방시키기 위해 노력해 왔으며 지금 그들은 미국에 살고 있다. 나의 커다란 희망은 언젠가 그들이 중국과 티베트에서 자유롭게 살면서 자유롭게 말할 수 있었으면 하는 것이다.

나는 조지 부시 대통령의 중국 정책에 대해서만 반대했을 뿐 아니라 민주당의 빌 클린턴 대통령의, 중국과 티베트에 대한 무역과 인권 정책에 대해서도 강력하게 반대했었다. 이것은 어려운 일이었다. 왜냐하면 나는 그 외의 현안들에는 클린턴을 열렬히 지지했고 그의 리더십에 감명을 받았기 때문이었다. 나의 아버지도 의회에서 비슷한 상황을 겪은 적이 있었다. 그가 뉴딜(New Deal)주의 민주당원인데다 루즈벨트 대통령의 지지자였음에도 불구하고, 그 행정부에 동의하지 않는 한 가지가 있었다. 아버지는 베르그송 그룹이라는 조직을 지지하고 있었다. 그들은 2차 세계대전 기간에 유럽 유태인들의 곤경에 대한 관심을 가질 것과 팔레스타인에 유태인주를 설립할 것에 대해 호소하며 시위, 의식, 행렬 등을 했는데, 그것은 당시 정부의 정책이 아니었던 것이다. 아버지의 그런 활동은 일부분 유태인 사회에서 지냈던 이전의 우정으로부터 나온 것이었다. 어린 소년일 때 그는 이교도(Shabboes goy[26])였던 적이 있었고, 이디시어를 배웠는데 그 열정은 자신이 옳다고 믿는 것을 행동에 옮기는 데서

우러나온 것이었다.

미국 사람들은 세계 어디에서도 압제에 대한 발언을 해왔다. 요즘의 예로는 티베트에서의 일과 버마에서의 아웅산 수지에 대한 야만적인 탄압, 이 두 가지가 있다. 나는 르완다의 학살 예방에 관여하지 못했던 것에 대해 어느 정도 수치스러움을 느끼고 있다. 그 때문에, 그만큼 아프리카 수단, 다르푸르의 대량 학살에 대해 참을 수가 없는 것이다. 2년 전에 나는 의회 대표들과 함께 다르푸르를 방문했었다. 난민촌에서 봤던 모습들은 정말 충격적이었다. – 어떤 곳에서는 10만 명도 넘는 사람들이 인간 이하의 조건에서 살고 있었다. 밤이면 아버지들은 살해당하고 어머니들은 강간당하고 아이들은 납치를 당한다는 얘기도 들었다. – 이것이 다르푸르의 상황이다.

우리가 정부 직원을 만나기 위해 수단의 수도인 하르툼에 갔을 때, 그들은 우리가 눈으로 직접 본 사실을 부인했다. 만약 중국이, 대량 학살을 끝내기 위한 유엔 안전보장이사회의 조치에 동의를 해주기만 한다면, 국제적인 대응은 효과를 볼 수 있다. 그러나 지금까지도 중국은 이를 거부하고 있다. 중국 당국

26《美속어 · 경멸적》(유대인 쪽에서 본) 이방인, 이교도(gentile); 유대교 계율을 지키지 않는 유대인.

은 티베트인들을 억압하고, 버마 임시정부를 지지하고 있으며 수단 정부를 지원하고 있다. 그러면서도 2008년 베이징 올림픽의 개막식에서 세계의 지도자들이 자신들과 함께 서 주기를 기대한다.

인권을 위해 싸우던 암울했던 어느 날, 유태인 대학살의 생존자였으며 이젠 고인이 된 동료의원 톰 랜토스는 우리에게 "그 싸움은 오래 갈 것이고, 우리는 이기게 될 것이라는 믿음을 가져야 하며, 우리의 목소리가 들리게 될 것이라고 주장해야 한다."는 조언을 해 주었다.

그것이 바로, 내가 책상 위에 두 개의 액자를 나란히 올려놓은 이유이다. 하나는 천안문광장에서 우리가 현수막을 펼쳤을 때의 사진이다. 다른 한 장은 나의 가장 사랑스러운 친구들 중 한 명인 여성 의원 안나 이슈에게 받은 것으로, 테레사 수녀님의 말씀을 액자에 넣은 것이다. "신은 우리에게 항상 성공을 기대하지는 않는다. 그러나 그는 우리가 항상 신실하기를 기대한다."

# 하고 있는 일에 몰두하라

*"Age Quod Agis": Do What You Are Doing*

살라가 내게 자신의 자리에 출마하라는 제안했을 때, 그 방에 있던 다른 사람들에게 그녀는 이렇게 말했다. "낸시는 총명하고 강해요. 일을 잘하고 쟁점도 잘 다룹니다." 모임이 끝나고 우리 둘만 남았을 때 그녀가 말했다. "당신, 준비가 되어있어야 해요. 준비되었죠?"

이전에 살라가 이미 내게 그 모임의 목적이 무엇이고 나의 결정에 대해 충분히 준비되어 있어야 한다고 말해주었음에도 불구하고, 나는 그 순간, 살라의 건강상태와 내 인생에 미치는 중압감으로 충격을 받았다.

그러나 그녀의 질문에 대해 답변해 보라면, "그래요, 준비가 되어 있습니다."였다.

내가 하려는 말은 단순하게 들리지만, '준비되다' 라는 말 속에는 위력이 담겨있다.

1994년의 일이다. 내가 의회에 들어온 지 6년 밖에 안됐을 때다. 여러 명의 의원들이 내게 다가와서 말했다. "우리는 당신이 하원의장에 출마했으면 좋겠어요."

나는 그들이 미쳤다고 생각했다. 나는 말했다. "저더러, 의장에 출마하라고요? 저는 이제 겨우 세 번째 임기를 지내고 있어요!"

그들은 말했다. "변화를 보여주지 않으면 민주당은 패하게 될 거예요. 여성 의장은 변화를 의미합니다. 당신은 쟁점이 무엇인지도 알고 정치도 잘 압니다. 당신은 1994년 의회 중간선거에서 우리가 이기게 할 수 있을 거예요."

나는 그들의 열성을 꺾으려고 했지만 그들은 그렇게 하지 않으면 민주당이 질 것이라고 확신하고 있었다.

곧, 당시의 의장인 톰 폴리의 측근들 몇 명이 내게 말했다. "아니, 의장에 선출되려는 생각을 하다니, 그런 정치적 의도가 좋은 생각이라고는 할 수 없어요." 톰 폴리에 대한 나의 충성심에 의문을 제기하는 그들의 반응은 이상하게 들렸다. 나는 어떤 자리이든 지도자의 자리, 특히 의장에 출마하는 것에는 관심이 없었다.

다만 그 때 내게 다가와서 제안했던 의원들의 예상, 민주당이 혹독한 미래를 겪게 될 것이라는 예상은 맞아 떨어졌다. 우리는 하원을 잃었고, 2006년이 되어서야 의회를 탈환하게 됐다. 그때는 우리가 언제 의회를 탈환하게 될는지, 또 내가 의장이 될 것인지에 대해서도 전혀 알 수 없었다. 그 때 나에게 출마를 권했던 전직 의원들을 요즘 만나면 웃으면서 말한다. "시작은 우리가 했었지."

그 12년 동안 나는 정치 쟁점의 다양한 분야에 대한 지식을 더 깊이 쌓았고 이전에 내가 했던 일들을 더 튼튼히 하는 일에 집중했다. 나는 이미 정부 운영위원회의 보건 분과위원회와 금융 분과위원회에서 일을 했었다. 내가 세출위원회에 들어가서 그 분야의 최고라 할 수 있는 위원장인 데이비드 오비에게 배울 수 있던 것은 행운이었다. 노동, 의료, 인적 서비스 분과위원회에서 여성과 어린이들의 건강을 증진시키고 유방암과 HIV/AIDS를 위한 기금을 늘리고 국립보건원(National Institute of Health)의 예산을 두 배로 확대하는 작업들을, 로사 드로로, 니타 로웨이와 같이 했던 것 또한 행운이었다. 나는 또한 윤리 위원회에 7년 동안 있었는데, 의원들에게 가장 높은 수준의 윤리 의식을 고취시키는 작업을 했다. 정보 위원회에서도 일한 바 있는데, 그 곳에서의 경험으로 국가안보 문제에 정통해졌다. 그리고 그 곳에서 나는 의회 역사상 가장 오랫동안 머물렀던 위원이 되었다.

정치 상황을 보자면, 민주당은 1996년과 1998년에도 계속 패배를 겪었다. 2000년 선거 예상을 보고 의회 밖의 내 지지자들은 좌절했다. 그들은 말했다. "우리는 민주당 의회 중간선거 운동때, 민주당 후보에게 기부했어요. 우리가 당에 기부했지만 민주당은 당신이 포함되지 않은 계획에 그 돈을 썼어요. 이런 상황에는 정말 흥미가 없어요."

나는 민주당이 다수당이 되면 미국 국민들이 한결 잘 살게 될 것이라고 믿었다. 2000년 중간선거 운동 때는 더 큰 영향을 미치고 싶었기 때문에, 민주당이 승리한다고 가정할 때, 자리가 비게 될 원내부대표(Whip)에 내가 출마하기로 결심했다.

의회 밖에서는 내가 우리를 승리로 이끄는 역할을 할지도 모른다는 생각에, 나의 지지자들이 흥분을 감추지 못하고 있었다.

하지만 의회 내부에 있던 다른 이들은 흥분하지 않았다.

"그녀가 출마할 수 있다고 누가 말했어?" 그들은 말했다.

그녀가 출마할 수 있다고 누가 말했어? 그것은 나의 전의를 오히려 고취시켰다. 나는 내가 출마할 수 있다거나 없다고 말해줄 누군가가 필요한 게 아니었다. 원내부대표에 출마함으로써, 모든 주요 당직자의 자리를 2백년 이상 서로의 발자취를 따랐던 남자들에게 도전하는 것이었다.

2000년, 우리는 의회를 빼앗아 오기 위해 필요한 일곱 석의 자리를 확보할 수 있다고 믿었다. 선거 운동에 들어서면서 나는 당대표인 딕 게파트에게 말했다. "캘리포니아주에서 우리가 다수당이 되는 것은 확실합니다. 우리는 여기서 정말 잘 할 겁니다. 대표께서 해야 할 일은 나머지 지역에서 두 자리를 더 확보하는 거예요."

우리 후보자들의 개인적, 정치적 노력 덕분에 캘리포니아주에서의 선거운동은 훌륭히 진행되고 있었다. 우리에게는 수잔 데이비스, 제인 하먼, 마이크 혼다, 아담 쉬프, 그리고 힐다 솔리스와 같은 최고의 후보들이 있었다. 우리에게는 최고의 의사소통 능력, 최고의 조직, 예상 득표 획득을 위한 최고의 계획이 있었다. 우리는 매우 집중했고 그 지역에 대해 속속들이 알고 있었다. 마이크 톰슨과 조 로프렌의원의 도움에 힘입어, 논쟁이 되는 것이 무엇인지, 그리고 그것을 지역에 따라 어떻게 다루어야 하는지에 대해 매우 세심한 주의를 기울였다. 우리는 경제 성장과 국가 안보에 대해 국가차원의 공약을 갖고 있었다. 가장 중요한 각 후보자들의 공약은, 유권자들의 요구에 맞는 자신들만의 공약이었다. 선거운동 자금의 모금도 진지하게 이루어졌다. 그 때부터 지금까지 브라이언 울프의 뛰어난 정치적 재능과 자금 모으는 재능의 도움을 받고 있다.

선거 날 밤, 우리는 캘리포니아주에서 공화당으로부터 다섯 자리의 의석을 가져왔다. 우리는 너무나 기뻐했고 다시 의회 다수당이 될 수 있을 것이라고 생각했다.

그러나 그리 되지는 않았다.

나는 그날 밤 샌프란시스코에 있었다. 우리는 하루 종일 뛰었던 전쟁터에서 돌아와 있었고 기자회견을 하고 있었다. 우리는 매우 자신만만한 상태였다. 내가 연단 쪽으로 다가갈 때, 한 간부가 내 소매를 잡아당기며 말했다. "잠깐만요." "CNN에서는 공화당이 계속해서 의회를 장악할 것이라고 보도하고 있어요."

나는 생각했다. "그건 불가능한 일이야."

그러나 다른 곳에서 민주당이 의석을 잃었기 때문에 결과적으로 한 개 의석을 더 갖게 되었고, 계속해서 공화당이 의회를 장악할 것이라는 말은 사실이 되어 버렸다. 캘리포니아주 외에 민주당이 승리한 곳은, 마이크 로스가 개인적인 노력으로 그의 경쟁자를 큰 차이로 추월했던 아칸소주 뿐이었다. 아무리 축소

하려 해도 그것은 충격이었다.

민주당이 2000년에 의회를 탈환하지 못했기 때문에 의회요직의 변화는 없었다. 그러나 2001년에 민주당의 원내부대표로서 존경받던 데이비드 보노와르가 미시간 주 주지사로 출마하겠다고 선언했고, 그 결과 원내부대표의 자리는 공석이 됐다. 선거전은 힘들었지만 나는 민주당 대다수의 표를 얻어 첫 번째 여성 원내부대표가 됐다.

의회의 각 당에는 원내부대표가 있다. 이 용어(Whip)의 기원은 사람들이 알고 있는 것처럼 "채찍으로 찰싹 때리는 것"에서 왔을 뿐 아니라, 위피트(whippets)라고 불리는 영국의 사냥개 이름으로부터 유래된 것이기도 하다. 그 개들은 여우를 쫓을 때, 줄을 지어 달린다는 얘기를 들었다. 나의 책임은 민주당의 대표가 본회의장에서 법안을 제안하게 되면 가능한 많은 민주당의원들과, 희망사항이지만 공화당 의원들 까지도 그 법안을 지지하는 투표를 하도록 독려하는 것이었다. 나는 그 일을 사랑했는데, 왜냐하면 그로 인해 다른 동료의원들과 가깝게 지내게 되었기 때문이다. 그리고 의원들과 그들 선거구 주민들의 관심사들을 들을 수 있고, 그러한 요구를 반영하여 입법안을 기안하는 데에 도움이 되기도 했다. 우리의 의원총회는 철학, 지역, 세대, 성, 인종, 민족성 등의 다양성 때문에 의원들 간에 의견 일치를 보는 것은 매우 어려운 과제였다.

나는 2004년에 민주당이 승리하고, 소수당 원내대표인 훌륭한 딕 게파트가 하원의장이 되어, 내가 그 밑에서 다수당의 원내대표로서 일하게 되기를 바라고 있었다. 그러나 민주당은 졌고, 선거 다음 날 딕은 대통령 선거에 나가기 위해 자리를 물러나겠다고 선언했다. 나는 선거에서의 패배와 딕이 의장을 하지 못하게 됐다는 것에 슬펐지만, 나의 "조직화하라, 그러나 괴로워하지는 말라."라는 생각에 집중했다. 최고직을 향한 선거에 나서야 할는지, 즉각 결심을 해야 했다. 문제는, 나의 동료들이 나를 원내부대표로 뽑아줬지만, 과연 그들이 나에게 최고직인 대표의 자리를 줄 것인가 였다. 그 답은 곧 알게 될 것이었다.

나는 바로 행동을 취했는데, 민주당 의원 150명에게 전화를 해서 투표에 대해 개인적으로 부탁을 했고, 24시간 후에는 내게 필요한 표를 확보하게 됐다.

드디어 나는 대표가 될 준비가 되어 있었다.

이 새로운 일은 가족들의 지지가 없었으면 불가능했다. 내가 처음 워싱턴에 왔을 때의 첫 번째 계획은 5선 의원(내 선거구의 유권자들이 나를 다시 뽑아 줄 것을 바라면서 예측해 본 것)이 되는 것이었고, 그 다음엔 내 인생으로 돌아오는 것이었다. 10년은 정말 긴 시간처럼 여겼었는데 지금 나는 의회에서 21년 동안 일하고 있다.

나는 처음부터 남편 폴이 절대 워싱턴에서 살지 않을 것임을 알고 있었다. 나의 성공에는 그의 절대적인 지지가 있었다. 특히 우리가 결혼했을 때에는 예상하지 못했던 일이기 때문에 더욱 그렇다.

다행스럽게도 그는 자신의 일 외에도 여러 가지에 관심이 많다. 그는 항상 열정적인 타고난 운동선수로(나는 아무 운동도 하지 않는 데 반해) 테니스, 골프, 자전거 타기 같은 운동을 하지 않고는 살 수 없는 사람이다. 그는 예술을 좋아하는데 그 중에서도 예술 공연을 즐긴다. 우리 아들이 다녔던 소년들을 위한 타운학교(Town School for Boys)의 장학생 프로그램을 돕기 위해 학부모들이 연극에도 참여하여 11년 동안 11개의 연극을 공연했다. 그가 맡았던 역할의 이름들을 조금만 불러 보자면, 그는 훌륭한 헨리 히긴스, 해롤드 힐, 윌 파커, 그리고 버팔로 빌을 연기했다. 그리고 딸들이 다녔던 학교인 성심수녀원(the Convent of Sacred Heart) 부속학교의 이사로도 일했다.

20년이 넘는 시간동안 나는 거의 매 주말마다 샌프란시스코에 가서 폴과 함께 지냈고 선거구 주민들과도 시간을 보냈다. 나는 국내에서 1천5백번도 넘게 비행기를 탔다. 워싱턴은 내가 일을 하는 곳이었고 샌프란시스코는 내가 생활을 하는 곳이었다.

사랑하는 사람들과 떨어져 있을 때는 물론이고, 함께 있는 시간을 현명하게 보내야 한다는 것에 대해서는 누구든지 동의할 것이다.

정치는 탐욕스러운 야수가 되어 시간을 잡아먹는 존재가 될 수 있다. 나는 종종, 우리가 가족, 친구들과 함께 할 수 있는 날들의 소중함에 늘 감사해야 한다는 말을 동료들에게 한다. 그들은 우리의 강인함의 원천이고, 만일 그들이 없었다면 우리는 의회에 올 수 없었을 것이다. 사랑하는 이와 함께 하는 시간을 감사히 여기며 그 시간에는 일을 내려놓고 집중해야 한다. 기분 전환은 우리의 정신 건강에 필수적인 요소이다. 기분 전환은 우리의 에너지와 영혼, 그리고 우정을 새롭게 하는 것이다.

그러니, 일을 하든 휴식을 취하든, 집안일을 돕든 아이들과 놀아주든, 그것에 집중하기를.

"당신이 하고 있는 일에 몰두하라."라는 의미의 라틴어 문구인 "Age quod agis" 를 기억하기 바란다.

## | 새로운 방식으로 생각하라 |

*Think Outside the Beltway*

캘리포니아주의 대표로 의회에서 일하면서 나는 항상 나의 선거구 주민들의 신선한 아이디어들 덕분에 고무되었다. 그리고 나는 현상유지를 좋아하는 순환도로 같은 의회에 다시 들어가서 무모하더라도 의견을 제시하곤 했다.

민주당의 대표가 되기 오래 전부터 나는 혁신적인 사람이 되는 방법과 어려운 문제에 대해 개혁적인 해법을 알아내는 방법을 찾곤 했다. 나의 가장 큰 입법 성과 중 하나는 군 초소였던 프레시디오 지역을 국립공원으로 지정한 것이다.

1980년대 말, 연방정부는 프레시디오 요새를 폐쇄했다. 기지

재편성 및 폐쇄 위원회는 그 땅을 밟아 보지도 않고 그런 결정을 내렸다.

그들이 예상하듯이 10억 달러쯤으로 팔려했던 그 요새를 절대 팔 수 없을 것이라는 생각은 하지 않았다. 왜냐하면 샌프란시스코 사람들은 요새를 개발하려는 생각을 하지 않았기 때문이다.

다행스럽게도 필립 버튼이 의회에 있을 때, 그는 에드 웨이번 박사나 에이미 마이어와 같은 환경 운동가들의 통찰력을 존중했다. 그리고 그는 금문교 국립 휴양지를 만들었다. 국방부에서 더 이상 요새를 필요로 하지 않자, 필립은 조용히 그것을 금문교 국립 휴양지에 포함시키는 법안을 만들었다. 그 때는 그 법안이 성공할 것처럼 보이지 않았기 때문에 아무도 관심을 보이지 않았다.

그 후 요새가 폐쇄된 후 논쟁의 불꽃이 일기 시작했다. 연방정부는 아직도 그 땅을 개발을 위해 팔 수 있다고 생각했던 것이다. 지역의 어떤 주민들은 나라에서 그곳을 인수하고 수천만 달러를 써서 공원으로 관리하기를 원했다. 그 돈은 이미 빈약해진 국립공원 예산에서 수백만 달러를 끌어 쓰게 될 것이었다.

나는 새로운 접근 방법을 찾고 있는 이들에 합세했다. 샌프란시스코에서 존경 받는 사업가인 짐 하비는 그의 아내 샬린과 더

불어 매우 열성적인 환경운동가였는데, 요새 협의회(Presidio Council)를 만드는 데 앞장섰다. 환경, 사업, 비영리 분야의 대표들로 구성된 이 협의회는 여러 종류의 모델을 만들었는데, 그 결과 민간 부문과 공공 부문의 협력을 이끌어낼 수 있었다.

내가 제안한 요새신탁(Presidio Trust) 법안은 내용면에서도 획기적이었지만, 의회 안팎에서 초당파적인 지지를 받았다는 점에서도 그러했다. 상원의원인 바바라 복서와 다이엔 파인스타인은 상원에서, 조지 밀러와 돌아온 챔피언 잭 머타는 하원에서, 게다가 공화당 하원의원인 랄프 레귤라까지 모두가 그 법안을 통과시키는 데 도움을 줬다.

요새신탁의 초대 의장인 토비 로젠블랫의 통솔력 덕분에 2013년에는 계획대로 목표를 달성할 수 있게 되었다. 연방 정부의 자금에 더 이상 의지하지 않고 운영에 들어갈 모든 비용을 조달할 수 있다. 요새신탁은 오늘날 신선한 사고방식의 전형으로 우뚝 서 있다. 그리고 이 사례는 워싱턴에서도 고정된 사고에서 벗어난 새로운 전략이 필요하고 그것이 실제로 실행될 수 있다는 나의 믿음에 확신을 주었다. 많은 의원들이 우리의 요새신탁 전략을 모방하려고 하지만 내가 말하고 싶은 바는 그것이 어디에나 적용될 수 있는 것은 아니라는 점이다. 모방해도 좋은 것은 그것을 창조한 혁신적 기업가적 정신이다.

나는 이처럼 고정관념에서 벗어난 방법을 민주당의 의회 탈환을 돕기 위해 적용하기로 했다.

톰 대쉴과 나는, 민주당의 상원과 하원의 대표로서 기존 워싱턴을 넘어선 조언들을 얻으려 의견을 교환하고 있었다. 그러나 불행히도 톰은 2004년에 선거에서 탈락한 의원들 가운데 한명이 되었다. 해리 레이드가 민주당의 새로운 상원 원내대표가 되었고 우리는 함께 계속해서 그 문제를 연구했다.

"워싱턴의 기득권층(inside the Beltway)[27]은 이 나라에서 무슨 일이 일어나고 있는지 이해하지 못하고 있다."고 나는 동료들에게 말했다. 그래서 우리는 첨단 산업과 모든 마케팅과 연출 분야의 리더들을 찾아갔다. 우리는 말했다. "여러분이 제품을 만든 바로 그 방법으로 우리 공약을 만들 수 있게 도와주세요."

그들은 도움을 주고 싶어 했지만 다음과 같이 말했다. "당신들 스스로가 어떤 사람들인지 알기 전까지는 불가능해요."

물론, 우리도 알고 있는 사실이었다. 하지만 그것은 우리의 우선순위를 확실히 하기 위해 꼭 필요한 것인데다, 250명이 넘는 민주당의 상 · 하원 의원들과 또 그 많은 훌륭한 아이디어들을 가지고 우선순위를 정밀히 세우는 것은 매우 어려운 일이었

27 워싱턴의 엘리트 층, 지배층, 특권층

다. 많은 제안들을 여섯 개의 법칙으로 걸러 내는데 오랜 시간 동안 회의를 거쳐야 했다. 하원에서는 에드 마키 의원의 친구인 존 컬리네인이 여러 토론들을 진행했다. 그 결과로 여섯 개의 우선 과제와 함께 미국의 미래를 위한 새로운 파트너십(Partnership for America's Future)을 도출했다.

우리는 마케팅 전문가들에게 계획을 말했다. 그들의 대답은 솔직했다.

"여섯 개의 우선과제는 정말 좋아요. 그런데 모든 것은 시기를 맞추는 게 중요합니다. 만약 지금 그 계획을 밀고 나간다면 부시 대통령이 당신들을 뭉개버릴 수도 있어요. 그는 그런 지위에 있어요. 그는 미국의 대통령이고 당신들은 소수당 이예요. 정말 작은 힘을 갖고 있죠. 먼저 그의 콧대를 조금이라도 꺾어 놓지 않고서는 맞설 수가 없어요. 그것이 바로 민간 부문에서 사용하는 방법이죠."

우리에게 조언을 해줬던 사람들은 이전에 서로 같이 일한 적이 없었는데도 그들의 대답은 한결같았다.

첫째, 상대의 점수를 떨어뜨려라.

둘째, 그들로부터 당신을 차별화하라.

그리고 셋째, 시의 적절할 때 당신의 공약을 제시해라.

차례대로.

그래서 우리는 전략을 갖게 됐고, 바로 이 때에 백악관으로부터 선물을 받게 됐다. 부시 대통령이 사회보장 제도를 민영화하기로 결정했던 것이다.

2005년 1월에 부시는 대통령에 재선됐고 그 당시 58%의 지지율을 확보하고 있었다, 미국 성인의 60%가 "절약하는 사회보장"이라는 그의 생각에 동의했다. 그 아이디어가 어떤 것인지에 대해 누구도 확실히 알 수 없었지만, 생각해 보면 그럴 듯하게 들리는 것일 뿐이었다. 부시 행정부는 자신들의 의도와는 정반대인 이름을 만들어내는 데에 탁월한 재능이 있었다. "절약하는 사회보장"이란 사회보장을 깎아내고 해체시킨다는 의미가 된다. 그들은 미국 국민들이 세세한 부분에 신경 쓰지 않을 것이라 생각했다.

그리하여 우리는 우리에 반대하는 미국 노년층의 60%를 상대하게 됐다.

해리 레이드와 나는 의원총회로 가야했다. 하원에서 나는 동료 의원들에게 말했다. "만약 우리가, 민주당원으로서 사회보장을 지켜내지 못한다면 우리는 역사의 쓰레기통에 들어가야 할 것입니다. 대통령은 우리의 소중한 가치 시스템에 도전하고 있습니다. 그는 우리의 정체성에 도전하고 있습니다. 그래서 우리는 새로운 방식으로 그와 싸워야 합니다. 우리는 대통령의 계획을 무너뜨려야 합니다. 그렇게 하기 위해서 그의 계획에 우리의 초점을 맞추는 것이 중요합니다."

사회보장에 대한 부시 대통령의 잘못된 언급이 나에게는 도전장이 됐다. 아들의 이름을 프랭클린 루즈벨트 달레산드로 라고 지은 뉴딜주의 민주당원 토미 달레산드로의 딸로서, 나는 특히 더 사회보장제도를 보호해야 한다고 생각했다. 사회보장제도는 루즈벨트 내각에서 사회복지를 제안했던 여성 노동부 장관 프랜시스 퍼킨스의 역사적 유산이기도 했다. 사회보장제도를 지키기 위해 해리 레이드와 함께 일하는 것은 감사할 일이었다. 그는 미국 노동계층 가족의 투사였다. 해리 레이드의 강인함은 우리 성공에 필수적이었다.

많은 민주당원들은, 우리가 대적할 대안인 공약을 내세워야 한다고 생각했다. 해리와 나는 대답했다. "사회보장이 우리의 공약이에요. 부시 대통령에게 이기는 유일한 방법은 그의 공약에서 단점을 찾아 그것에 집중하는 것입니다."

우리 전략의 다른 중요한 부분은 워싱턴 밖으로 진출하는 것이었다. 민주당의 상원과 하원의원들은 온 나라를 돌아다니며 천 개가 넘는 지역토론회(Town hall meetings)를 열었다. 부시 대통령은 자신의 계획을 추진하기 위해 60일 동안 60개의 도시에 가겠다고 선언했다. 나의 대답은 다음과 같았다. "나는 당신이 120일 동안 120개의 도시에 가길 바랍니다. 차비는 제가 지불하겠습니다. 당신이 가는 모든 곳에 민주당원들이 있을 것입니다. 당신의 메시지에 반대하고, 대중들에게는 당신의 계획이 사회보장을 민영화시킬 것임을 알리기 위해서."

우리만의 공약을 가져야 한다는 내부 사람들의 반복되는 비판에도 불구하고 우리의 전략은 효과를 봤다.

우리는 말할 수 있었다. "우리에게는 공약이 있습니다. 그것은 사회보장이라는 것입니다. 대통령에게도 공약이 있습니다. 그것은 사회보장의 민영화입니다." 이것이 바로 우리가 분명히 하기를 원했던 중요한 차이점이었다. 대통령이 갔던 모든 곳에서, 그는 지역 주민들로부터 호된 질책을 받았다. 노년층들과 그 외의 다른 이들이 우리에게 동조하고 있다는 것을 숫자가 보여주기 시작했다. 우리는 우리의 기반을 확보하고 있었다.

해리 레이드와 나는 승리가 가능하다는 것을 감지했다. 나는 말했다. "우리가 이긴다면, 단지 그 문제를 수면 아래로 떨어뜨리는 것에서 그칠 수는 없어요. 이중으로 공격을 해야 해요."

해리와 나, 그리고 민주당의 지도부는 사회보장 싸움 뿐 아니라 공화당원들의 잇따른 추문으로 불붙기 시작한 공화당의 "부패 문화, 편파주의, 무능력" 에 대해서도 논의를 시작했다.

그런 와중에 2005년 8월, 허리케인 카트리나가 왔다. 카트리나는 직접적으로 피해를 입은 사람들에게 재앙이 됐을 뿐 아니라, 나라 전체에도 도덕적인 타격을 주었다. 어떻게 그리 오랜 시간동안 사람들을 속수무책으로 내버려 둘 수 있었을까?

걸프 해안 지역의 주[28]들이 아직 홍수의 위협 속에 있을 때, 민주당의 상원과 하원의 대표인 해리 레이드와 나, 그리고 공화당의 대표들이 함께 대통령을 만나러 갔다.

카트리나에 대해 대통령이 설명을 한 뒤 의회의 비판과 조사는 나중에 해도 된다는 경고였다.

내가 말했다. "그럴지도 모르죠. 하지만 지금 당장 해야 할일은 마이클 브라운[29]을 교체하는 것입니다."

대통령이 물었다. "내가 왜 그렇게 해야 하나요?"

나는 "지난 주에 모든 것이 엉망이었기 때문입니다." 라고 말했다.

그가 물었다. "지난 주에 뭐가 잘못 됐다는 것입니까?" 그는 여전히 마이클 브라운이 "일을 엄청 잘 한다"고 믿고 있었다. 나는 마이클 브라운이 긴급구호본부(FEMA)의 수장으로서 신뢰감과 판단력을 갖추지 못했다고 말했다.

---

28 멕시코만 연안의 5개 주 : 플로리다, 알라바마, 미시시피, 루이지애나, 텍사스
29 당시 긴급구호본부(FEMA)의 책임자

백악관 밖으로 나와 기자들을 만났을 때 내가 한 말은 "나는 대통령에게 마이클 브라운을 교체하라고 제안했습니다."가 전부였다.

"그에 대해 대통령이 뭐라고 답했습니까?" 라는 기자의 질문에 나는 이렇게 말할 수밖에 없었다. "대통령께선 의견 잘 들었다고 말했습니다." 정말 그가 했던 말이었다.

다음 날이 되자, 부시 대통령은 걸프만 지역의 상황에 대한 잘못된 보도에 대해 불평했다. 몇 시간 뒤 나는 기자들과 이야기 하고 있었는데 기자들이 다시 물었다. "마이클 브라운을 교체해야 한다는 말에 부시 대통령이 뭐라고 답했습니까?"

이번에는 이렇게 대답했다. "대통령은 이렇게 말했습니다. '내가 왜 그래야 합니까? 지난 주에 뭐가 잘못됐다는 건가요?' 대통령이 이렇게 부정했습니다. 그는 정말 위험한 사람입니다."

백악관은 그런 대화가 없었다고 부인하였다. 나에게는 두 명의 공화당 대표를 포함한 증인들이 있었으므로 결국 그런 일이 있었다고 인정할 수 밖에 없었다.

그러는 동안 민주당은, 공화당 의원들의 부패 문화, 편파주의, 무능력을 폭로하는 장을 성공적으로 수행했고 대통령에 대한 지지도는 38%로 떨어졌다.

그리하곤 차별화를 할 시간이 다가왔다. 우리는 우리 제안들과 입법안들이 어떻게 다른지에 대해 상세히 설명했다. 우리는 두 번째 전략대로 우리를 잘 정의했다.

2006년 중간선거가 다가오고 있는 상황에서 "새로운 방향 - 2006년을 위한 여섯 가지(New Direction - Six for '06)" 공약을 발표했다.

- 진정한 안보 : 국내에서, 그리고 해외에서
- 번영 : 더 나은 일자리, 더 높은 보수
- 기회 : 모두에게 열린 대학
- 에너지 자급자족
- 감당할 수 있는 의료보험
- 정직한 리더십과 열린 정부

점차 사람들이 관심을 보이고 있었다. 공약을 일찍 발표했다면 실수가 될 뻔했다.

우리의 정책을 효과적으로 도모할 때, 우리는 민주당 선거대책위원회의 의장인 램 이매뉴얼에게는 정치를 맡겼다. 내가 그를 선택했던 이유는 그가 정책선거의 달인이라는 것과 그가 정책 전문가로서 우리가 이기는 것이 얼마나 다급한 일인지를 이해하고 있었기 때문이었다.

그리고 2006년 11월, 우리는 그 보상을 받았다. 우리가 미국 국민을 위해 의회를 되찾게 된 것이다. 우리의 기득권 밖 전략은 효과적이었다. 새로운 접근 방법을 추구했고 그것을 찾았다. 더욱 중요한 것은 동료 의원들이 그 전략을 믿어주었기 때문에 가능했다는 사실이다.

성공을 위해서는 단지 오래된 계획의 먼지를 털어낼 것이 아니라, 더 열심히 노력해야 한다. 우리가 프레시디오 요새 전략과 "2006년을 위한 여섯 가지(Six for '06)" 공약으로 증명했듯이, 가끔은 자신의 생각을 뒤집어 볼 필요가 있다. 때로는 새로운 방향으로 가기 위해 새로운 사람을 데려올 필요도 있다.

KNOW
YOUR
POWER

| 3부 |

# 자신의 숨겨진 힘을 깨달아라

KNOW YOUR POWER

## 가장 가치있는 직업

여성들의 직업에 대한 질문에 대해 "저는 그냥 가정주부예요."라고 답하는 것을 들을 때마다 너무 슬펐다. 내가 여성들에게 하고 싶은 말은, 엄마가 되는 것과 집안일에 대한 경험에 높은 가치를 부여하라는 것이다. 아이들을 기르는 것은 한 명 당 한 번씩, 세상을 구하는 것이다.

– 사진은 2007년 1월 하원의장 취임식 날, 손자, 손녀들과 함께 의장석에 오른 모습

# | 여성의 자리 |

*A Seat at the Table*

의회에서 민주당 대표가 되어 첫 해를 시작할 때, 나는 매우 특이한 경험을 했다. 그 일은 민주당 대표로서 대통령과 처음으로 면담을 하는 동안 백악관에서 있었던 일이다.

나는 그 전에도 정보 위원회와 세출 위원회의 위원으로서 백악관에서 열리는 회의에 여러 번 참석했었다. 하지만 2002년 1월, 그 방에 들어갈 때 이번엔 백악관에 참석했던 다른 회의들과는 전혀 다르다는 것을 깨달았다.

실제로 그것은 백악관에서 열렸던 어떤 회의와도 달랐고 백악관에 왔던 어떤 여성들과도 다른 대접이었다.

등 뒤에서 문이 닫혔을 때, 나는 대통령과 민주당, 공화당의 지도부들이 앉아 있는 것을 보았다. 물론 많은 존경받는 여성들이 각료회의에 참석했지만 그들은 대통령의 지명을 받은 사람들이었다. 이 점이 다른 점이었다. 나는 그 곳에 민주당 하원의원들의 대표로 간 것이었기 때문에 독립적으로 이야기 할 수 있었다.

대통령은 지도부의 새로운 인물인 나를 정중하게 반겨 주었다. 그가 회의를 시작하려 할 때, 나는 갑자기 의자가 꽉 차는 기분이 들었다. 그것은 정말 놀라운 경험이었는데, 마치 수잔 안소니, 엘리자베스 캐디 스탠튼, 루크레시아 모트, 엘리스 폴, 그리고 정부에서나 삶의 영역에서 여성들의 진보를 위해 열심히 노력했던 모든 여성 참정권 확대론자들과 활동가들이 나와 함께 앉아 있는 것 같았다. 나는 그분들의 출현에 마음이 사로잡혔고 그들이 이렇게 말하는 것 같았다.

"결국, 우리 자리가 하나 드디어 생겼네요."

잠시 후, 그들은 사라졌다.

나에게 처음 떠오른 생각은, "우리는 더 많은 여성과 소수자들이 이 자리에 오기를 원한다."였다.

두 번째 생각은 "나 이전의 여성들에게 뿐 아니라, 이 후에 나의 뒤를 이을 여성들에 대해서도 정말 엄청난 책임이 있구나."

였다.

의회에 들어 올 때부터 나의 길잡이가 돼 준, 과거와 동시대의 모든 위인들의 무게를 어깨에 느낄 수 있었다.

내가 처음 하원의원이 됐던 1987년, 여성들은 의회에서 정말 소수에 불과했지만, 그 소수는 자신들의 지식과 정치적 지혜를 서로에게 아낌없이 나눠주고 있었다. 그 중에 한 명이 고귀한 품성을 갖고 정치적으로도 예리한 루이지애나의 린디 보그스의원이었다. 그녀는 민주당의 원내부대표였던 남편 헤일 보그스가 비행기 사고로 비극적인 죽음을 맞은 후, 그의 뒤를 이어 정계에 진출한 인물이었다. 린디는 여덟 번의 재선에 성공하며 1973년부터 1991년까지 뉴 올리언스의 대표로 있었다. 이후에는 바티칸 주재 미국 대사를 역임했다.

린디는 내게, 다르게 생각하는 법을 가르쳐줬다. 나는 내게 너무 많은 기회가 주어졌기 때문에 한 자리를 포기해야겠다는 말을 그녀에게 했던 기억이 난다. 이 때는 내가 의회에 진출하기 전의 일로, 나는 그 때 1984년 민주당 전당대회 주최 위원회의 의장이었고, 대표자 선정 규칙 강화 위원회의 위원장도 맡고 있었다.

그녀는 멋진 남부 억양으로 말했다. "남자들은 절대 그런 생각을 안 해요."

그리고 그녀는 내게 의미심장한 충고 한 마디를 던졌다.

"낸시, 당신의 힘을 깨달으세요."

당신의 힘을 깨달으세요.

내게는 힘이 있고, 나는 그것을 사용해야만 한다. 린디의 말은 나에게 커다란 충격을 주었다.

그녀 못지않게 내게 영감을 준 여성들이 많은데, 그 중에는 패치 밍크, 패트 쉬레더, 그리고 바바라 커넬리가 있다. 패치는 최초의 아시아계 여성 의원으로, 체육과 학문 분야에서 소녀들의 평등을 보장하는 교육법 제 9개정안을 만들었다. 진보적인 정치 성향으로 치열하게 토론에 참여했는데, 힘 있는 목소리와 불꽃 튀는 눈으로 상대방의 주장을 산산조각으로 만들었다.

콜로라도의 패트 쉬레더는 아마도 의회에서 가장 용감한 여성이었을 것이다. 그녀는 가족과 의료 휴가법을 통과시키기 위해 피곤한 기색 없이 일했다. 크리스토퍼 도드가 상원에서 그랬던 것처럼 해를 넘기며 그 의안을 통과시키기 위해 하원에서 싸웠다. 하지만 조지 허버트 워커 부시 대통령은 그 법안에 서명하지 않았다. 그 법안은 결국 클린턴 대통령 때 서명이 이루어져 법률로 제정되었다.

코네티컷의 바바라 커넬리 의원은 의회의 정보 위원회에서 일한 첫 번째 여성이었다. 바바라도 나와 마찬가지로 정치가 집

안에서 자랐는데, 그녀의 아버지 존 베일리는 민주당 전국위원회의 의장이었다. 그 집안은 케네디 대통령과 존슨 대통령 시절에 세력을 떨치던 집안이다. 우리는 또 다른 공통된 경험을 공유하고 있었다. 바바라와 나는 모두 트리티니 대학을 졸업했던 것이다.

이들과, 다른 여성의원들의 노력들이 여성 하원의장이 탄생하게 되는 길을 닦았다. 모두가 신천지를 개척해 왔고 린디의 말에 따르면 "자신의 힘을 깨닫고" 그것을 이용하였다. 우리들 사이에는 자매의 의리 같은 것이 있었고, 그로 인해 여성의원의 인원수를 훨씬 뛰어 넘는 높은 수준의 지도력을 보여주었다.

여성의 참여를 늘리는 것이야말로 정부와 정치권에 더 없이 좋은 일이 되어 왔다. 나는 더 많은 여성들이 정치활동에 참여하길 바란다. 투표를 하는 것이든 후보자를 위한 선거 운동이든, 아니면 직접 출마하는 방식이든 말이다. 선거에 의해 선출된 관료 중 여성이 차지하는 비율은 전 세계적으로 22%다. 미국에서는 17% 밖에 안 된다.

우리 여성들은 더 많은 여성의 참여를 바란다. 미국은 물론 세계적으로도!

국방, 경제, 교육, 의료보험, 에너지, 환경보호 등, 오늘날의 모든 쟁점은 여성들과 관계되는 문제들이다. 공공 부문에 더 많은 여성이 진출하기 위해서도 더 많은 여성들이 정치에 참여해야 한다. 일반적으로 사람들은, 조금의 시간만 내서 자원 봉사를 하더라도 그것이 변화를 만든다는 점을 깨닫지 못하고 있다. 전화를 몇 통 걸 수 있는가? 집을 빌려줄 수 있는가? 전단지 돌리는 것을 도울 수 있는가? 당신의 지역, 주, 국가 등 어느 범위에서든 당신이 믿는 바를 위해 일하길 바란다. 그것이 바로 내가 했던 일이다.

나의 딸 크리스틴은 아장아장 걷던 시기에 나와 함께 광고 전단을 뿌렸다. 아이들이 자라면서 우리는 집에서 정치행사를 열기도 했는데 아이들은 행사를 무척 좋아했다. 아이들에게는 정치행사가 매우 큰 파티였다. 아이들이 어렸을 때에도 정치행사 진행을 즐겁게 도왔는데 식탁을 준비하거나 음식을 내올 때 전채요리를 가져다 놓는 것처럼 사소한 일을 도와주었다.

그들이 좀 더 나이를 먹어 더 많은 일을 할 수 있게 되었을 때는 우편물 부치는 것을 도왔다. 아이들이 일하는 동안 우리의 활기찬 작업 라인에서는 종종 노래가 흘러나왔다. 가장 좋아하는 곡 중 하나는 "온 세상이 그의 손에 있네(He's Got the Whole World)"라는 노래를 신나게 변형한 노래였다. 그들은 자신들이 하고 있는 작업을 묘사하는 내용으로 가사를 바꿔 불렀다. "그의 손에는 안내장과 봉투가 있네." 노동의 대가는 피자와 아이스크림 이었는데, 얼마 후에는 이웃집 아이들도 우리의 작업라인에 합세했다.

무엇이든 할 수 있는 것이 있다면, 그냥 그것을 해라. 무슨 말을 전달할 때는 과장하지 말아야 하고, 하기로 한 일은 완성해야 한다.

하지만 당신의 미래인 아이들과 손자들을 위해, 그리고 여성들과 소녀들을 위해 참여하기 바란다.

젊은 여성들에게 몇 번이나 이런 질문을 듣는다. "의원님은 어떻게 다섯 명의 아이들을 키우면서도 의회로 가게 됐나요?" 나는 아이들을 키운 후에 의회에 진출했다. 나는 임신한 몸으로, 아니면 아직도 어린 아이들을 키우면서도 의회에 진출하는 여성들에 대해 대단하다고 생각한다. 젊은 나이에 발을 들인 만큼, 그들은 내가 했던 것 보다 더 빨리 성공의 자리에 도달할 수 있을 것이다. 그렇게 되면 젊은 엄마들 자신들의 세대를 대표하는 목소리가 될 수 있고, 논란이 되는 것에 대해 자신들의 의견을 관철시킬 수도 있다. 나는 매일 그들에게 배우고 있다.

인생에서 그들이 목표하는 것이 무엇이든, 엄마로서, 이모, 고모, 숙모로서, 조언자로서, 다음 세대에게 시간과 사랑을 투자하는 것 만큼 중요한 것이 없다는 것을 깨닫는 것 자체가 여성들의 힘과 자신감을 이끌어 낼 수 있다.

내가 전업 주부일 때, 사회가 주부들을 "가정의 엔지니어(domestic engineer)"라고 불러준다면, 우리가 하고 있는 일의 진가를 인정받게 되리라는 농담이 있었다. 여성들이 "직업이 뭔가요?"라는 질문에 대해 "저는 그냥 가정주부예요."라고 답하는 것을 들을 때마다 나는 너무 슬펐다. 그냥 가정주부?

내가 여성들에게 하고 싶은 말은, 엄마가 되는 것과 집안일에 대한 경험에 높은 가치를 부여하라는 것이다. 아이들을 기르는 것은 한 명 당 한 번씩, 세상을 구하는 것이다.

여성들이 자신들의 딸과 손녀, 아들과 손자의 인생을 더 행복하게 만들기 위해서는 아직도 극복해야 할 장애물들이 있다. 우리 사회가 직장이나 집에서 헌신하는 여성들의 덕을 보려면, 질 좋은 보육시설에 대한 접근성을 높일 수 있는 국가적 결단이 있어야 한다. 양질의 보육은 여성과 가족의 발전이라는 사슬에서 잃어버린 고리이다. 우선 그것에 우선순위를 두어야 한다. 그렇게 되면 우리는 더 많은 자리를 갖게 될 것이다.

# 12 | 비밀 양념은 없다 |

*There Is No Secret Sauce*

12년이라는 긴 시간이 흐른 뒤인 2006년, 민주당은 드디어 의회를 되찾게 되었다. 사람들은 크고 분명한 목소리로, 이제는 변화의 시간이 왔다고 말했다. 이제 우리는 다수당이 되었다.

그리고 나는 최초로 여성 하원의장이라는 자리에 서게 됐다.

헌법에는 의회의 하원의장이 대통령과 부통령 다음의 서열에 있음이 명시되어 있다. 워싱턴에서는 하원의장은 하원의 의제를 결정하는 자리이기 때문에, 의회 사람들은 종종 하원의장이 "굉장한 권력"을 갖고 있다고 표현하곤 한다. 의장은 의원들을 위원회에 배정하고 본회의에 상정할 법안 선택, 어떤 내용을 법률에 포함시킬지에 대해서도 상당한 결정권을 갖고 있다.

선거 직후에 동료의원들의 도움으로, 나는 새 회기의 처음 100시간 동안의 의제를 내 놓았다.

처음 100일 동안이 아니라 100시간 동안 말이다.

국민에게 우리가 말하고자 한 것은, 우리는 구태의연한 방식을 벗어나 그들의 삶과 직결된 문제들을 법률로 통과시키기 위해 노력하고 있다는 점이었다.

다수당 대표 스테니 호이어, 원내부대표 짐 클라이번, 간부회의(Caucus) 의장과 부의장인 램 이매뉴얼과 존 라슨, 사비에 베세라, 크리스 반 홀렌, 조지 밀러, 로자 드로로, 찰리 랑겔, 존 딩겔 등 다른 위원장들까지, 민주당 지도부 의원들과 함께 우리는 100시간 동안의 목표를 달성했다. 첫째 날부터 운영 위원회의 의장인 루이스 슬로터가 순조로운 진행을 도왔다.

미국 국민을 보호해야 할 우리의 책임을 통감하고 9/11 희생자 가족들에 대한 약속을 지키기 위하여 우리는 9/11 위원회의 권고가 실행될 수 있게 하는 제 1 하원 의결안을 본회의의 첫 의안으로 통과시켰다. 우리는 민주당의 공약이었던 '2006년을 위한 여섯가지' 안건도 통과시켰는데 그것은 최저 임금 인상, 대학등록금 적정수준 책정, 줄기세포 연구 장려, 거대 석유 회사들에 대한 보조금 폐지, 의회 역사상 가장 높은 윤리의식 고취 등을 내용으로 하고 있었다.

이 법안들이 상원을 통과하기 까지는 수개월 이상이 걸렸지만, 우리의 의안들은 당파를 넘어선 지지를 받았고 대부분이 부시대통령의 서명을 거쳐 법률로 제정됐다.

나는 의회에 처음 발을 내딛은 이후로 계속해서 변화의 중개자 역할을 해왔다. 이제 하원의장이 됐으니, 우리가 처음 100시간 동안 행동했던 것처럼 의회에 자극을 주어 낡은 사고방식에서 벗어나게 하기 위해 내 직위의 힘을 이용할 것이다. 때때로 현상만을 유지하는 것을 파괴시킬 필요가 있는데, 특히 의회와 같이 전통의 테두리 안에 있는 기관일 경우에는 더욱 그렇다.

클레이튼 크리스텐슨 박사는 그의 책, '혁명가의 딜레마와 혁명가의 해결책(The Innovator's Dilemma and The Innovator's Solution)' 에서, 기업 세계에서의 파괴의 필요성에 대해 썼다. 그는 대기업들이 너무 거대해지고 자신들의 방식을 고수하기 때문에 혁신정신을 발휘할 수 없다는 것에 대해 이야기 하고 있다. 그리고 먼지 덮인 낡은 방식을 벗어나서 더 신선하고, 기민하고, 발랄한 회사들에 대한 이야기가 이어진다.

그것이 미국의 전통이다. 우리나라의 건국자들은 훌륭한 파괴자들이었다. 킹 목사도 참정권 확대론자로서 파괴자였다. 그것이 바로 미국의 방식이다. 이러한 지도자들이 이끌어낸 변화는 우리나라를 더욱 위대하게 만들었다. 우리는 어떻게 우리의 선각자들을 따라갈 수 있을까?

의회에서 할 수 있는 한 가지는 관행이 낡은 방법을 바꾸는 것인데, 기쁘게도 우리는 그것을 바꿔오고 있다. 늙은 황소로 알려진 대부분의 선배 의원들은 과거에, 초선 의원들이 최소한 재선 이상이 되기 전까지는 이름을 알려고 하지도 않았다. 그런 일은 이제 없다. 우리는 초선의원들에게 최고법을 맡기거나 주장할 수 있는 중요한 기회를 주면서 전면에 내세우고 있다. 예전에는 이런 수준까지 올라오려면 상당한 시간이 걸렸다.

나는 초선의원들에게 새 의회가 시작될 때 하는 오리엔테이션 강의에서 이렇게 말했다. "바로 여기, 초선의원들이야말로 의회를 새롭게 하는 활력소입니다. 우리의 건국자들이 의도한 대로 매 2년 마다 새로운 작물이 자라나죠." 우리는 여러 세대 동안 그랬던 것처럼 그들을 억누를 것이 아니라, 그들에게 귀 기울여야 하고 새 의원들의 능력과 창의성, 에너지를 길러줘야 한다.

나의 동료들과 나는 초선의원들을 보며 생각한다. 그대들 중 누가 이 곳의 리더가 될까요? 누군가는 상원의원이 되거나 주지사, 혹은 나의 아버지처럼 큰 도시의 시장이 되겠지요? 그리고 아마도 그대들 중 누군가가 미국의 대통령이 될 겁니다.

동시에 나는 이런 생각도 한다. 그대들 중 누가 혁신가, 파괴자가 될까요? 그것이야말로 우리 조국이 필요로 하는 사람이기도 합니다.

여성 하원의장을 선출함으로써, 나의 동료 의원들은 낡은 제도를 뒤엎어 버렸다. 이전에는 왜 여성의장이 없었는지에 대해 이해하기 위해서는 의회의 문화에 대해 이해할 필요가 있다. 내가 의원이 됐을 때, 전체 하원의원 435명 중에 여자는 20명이었다. 21년 후에는 민주당 54명과 공화당 20명으로 모두 74명이 됐다. 우리는 더 많은 여성을 원한다!

1987년, 의회는 아직도 남성들의 집합소였는데, 그것에 대해 한번 생각해 보라. 말투는 19세기에 맞춰져 있었고 기존 정치인들의 담배연기가 자욱했다. 담배와 시가 연기 때문에 숨이 막혔다. 내가 하원의장으로서 처음 제정했던 법 중 하나는, 의회의 사당에서 흡연을 금지시키는 것이었는데, 그로 인해 환경에서도 변화의 조짐이 나타나게 된 셈이었다.

여성의원이나 초선의원들이 풍부한 경험을 갖고 있다 해도 선배 의원들은 그들을 배격하는 듯한 태도를 취했는데 오랫동안 의회에 있었던 여성의원의 경우는 예외였다.

이것이 그 오래된 근위병들의 불가사의한 점이다. 그럭저럭 남성복만 입으면, 그들을 보증해주는 사조직의 일원이 되었다. 나는 그것을 "비밀 양념 클럽(Secret Sauce Club)"이라고 불렀다. 그들의 메시지는 "오직 자신들만이, 다른 이들은 알지 못하고 앞으로도 절대 알지 못할 성공의 비법 소스를 알고 있다는 것이었다."

하지만 그 클럽에 한 동안 들어가 있어 보면, 즉 의회든 기업이나 이사회 또는 대학이든지 간에, 그대는 진실을 알게 되리라.

모든 딸들에게 보내는 메시지 : 비밀 양념은 없다.

자신들만의 비법이 있는 듯한 태도가 완전히 사라지기까지는 좀 더 많은 시간과 좀 더 많은 파괴가 필요하다. 그러나 우리는 긍정적으로 생각해야 한다. 나의 젊은 시절과 달리 오늘날의 많은 젊은 여성들은 자신감을 갖고 있다. 그들을 평범하게 만드는 것은 쉬운 일이 아니다. 정치, 기업, 교육, 의료에 이르기까지 모든 분야에서 더 많은 여성들이 지도자의 위치에 있게 될 것임은 모두가 아는 사실이고 미래를 위해서도 좋은 징조이다.

상상하기 어렵지만 내가 처음 의회에 들어갔을 때는 성차별적인 환경이 예전 보다 나아진 상태였다고 한다. 예전에 활동했던 한 여성 의원은, 처음으로 위원회에 임명되어 들어갔던 날

위원장으로부터 "더 이상 여자(broad)[30]는 필요 없는데"라는 말을 들었다고 회상한다.

1973년, 패트 쉬레더가 군사위원회에 임명됐을 때 의장은 그녀가 자리에 앉는 것을 허락하지 않았다. 그녀는 그 위원회에 있던, 미국 최초 흑인 여성의원 론 델럼스와 하나의 의자에 함께 앉아야 했다. 패트의 회고록에 따르면 한 의자에 "빰과 빰을 맞대고" 앉았다고 한다. 론 델럼스는 군사위원회의 위원장이 되었고 패트는 국가 안보에 대한 능력을 인정받아 정치계 여성들의 우상이 되었다.

많은 변화들은 결국 여성들이 이룩한 진보 덕분에 일어났다. 그러나 일부는 워터게이트 사건[31] 이후 의회에 들어온 남자들의 도움도 있었다. 새로운 세대의 이 남자들은 구질서의 일부가 되려고 하지 않았다. 그들의 시대가 왔다고 가히 말할 수 있었다.

매주 화요일 저녁이면 나는 종종 동료 의원들과 저녁 식사를 함께 했다. 주로 내가 의회에 있을 때 가장 많은 도움을 주던 바바라 복서와 바바라 케네디, 그리고 몇몇 동료 남자 의원들과 함께 했다. 우리는 활발하게 토론을 하곤 했는데 한 가지 사실

---

30 여자를 경멸적으로 이르는 비속어

31 1972년 Washington, D.C. 에 있는 민주당 본부 건물에 도청 장치를 한 정보 활동 : 1974년 닉슨 대통령 사임의 직접적 원인이 됨.

을 확실하게 알게 되었다. 남자는 절대 돌아보며 "어떻게 생각하나요?"라고 묻지 않는다는 점이다.

절대로.

두 명의 바바라와 나는 조금도 신경 쓰지 않았다. 우리는 단지 우리가 원할 때만 대화에 참여했다. 그런데 어느 날 밤, 어떤 이유로 남자 동료 한 명이 출산이라는 주제를 꺼냈다. 아마도 친구나 직원이 임신을 했던 것 같다.

우리가 그 사실을 알아차리기 전에, 모든 남자들이 그들의 출산과 관련한 경험에 대해 얘기하고 있었다.

한 명이 말했다. "세상에, 첫째가 태어났을 때, 내가 녹색 수술가운을 입었는데도 나를 방에 들여 주지 않더라고요."

다음은 나의 친구 마티 루소가 말했다. "난 카메라를 들고 있었어요. 하지만 그 일을 직접 보게 됐을 때 나는 말했지요. '하느님 저를 이 곳에서 나가게 해주세요.'"

또 다른 사람이 말했다. "오, 나는 기절할 것 같았어요."

그러는 동안, 우리 여자들은 웃지 않기 위해 서로 팔꿈치를 찔렀다. 우리는 생각했다. 음, 이제 분명히 우리에게 물어 보겠지.

그들은 우리에게 질문하지 않았다. 우리들은 모두 열 한번의 출산을 경험했고, 남자들은 단 한 번도 겪어 보지 못한 경험이다. 그러니 우리들이 그 주제에 대해 할 말이 있을 수도 있고 아니면 아예 주제를 바꾸고 싶어 할 수도 있는 일이었다. 하지만 그들은 이런 움직임에 대해 전혀 눈치도 채지 못했다.

얼마간의 시간이 흐른 뒤, 또 다른 행사가 있을 때 우리는 피트 스타크의 집에서 저녁을 먹고 있었고 주제는 헌법이었다. 평등법 개정안 하원 상정 시의 원내대표이던 돈 에드워즈는 우리와 처음으로 함께 식사를 하게 됐다. 그가 나를 보며 말했다. "낸시, 어떻게 생각해요?"

내가 대답했다. "돈, 내 생각을 물어봐줘서 정말 고마워요. 정말 신선하군요!" 그가 놀라며 무슨 뜻이냐고 물었다. 나는 다시 출산과 관련한 그 날의 이야기를 해 주었고, 돈은 매우 놀라워했다. 하지만 가장 압권인 것은 그 때 있었던 가해자들 역시 그 자리에 있었다는 사실이었다. 그런데 그들은 그런 일이 없었다고 주장했다.

그들은 말했다. "우리는 그런 적 없어요."

그들은 그 날 자신들이 얼마나 눈치 없이 굴었는지도 모르고 있었다! 그들은 자신들이 눈치가 없다는 것조차 눈치 채지 못했다!

하지만 그들이 우리를 공격하려는 의도는 없었고 우리도 화가 나지는 않았다. 결국 우리의 뜻을 전달했고 그것으로 충분했다. 오래 전, 나는 내가 남자들의 태도를 고치기 위해 의회에 온 것이 아니라는 결론을 내렸다. 나는 국가의 정책을 바꾸러 이곳에 왔다. 만약 몇몇 남자 의원들이 여성 의원들을 존경하기 때문에 자신들의 태도를 바꾼다면 우리에게 좋은 현상이다. 하지만 그것이 내 목표는 아니다. 나는 항상 모든 동료들의 의견을 물어 보지만 한 가지는 약속할 수 있다. 최초의 여성 하원의장으로서, 나는 이 남자들에게 출산에 대해서는 물어보지 않을 것이다. 그것에 대해서는 내가 잘 안다고 생각하기 때문이다.

위와 같이 몇 예를 들긴 했지만, 나는 하원의 동료 의원들이 자랑스럽다. 그들이 여성 하원의장을 선출함으로써 미국의 유산이자 희망인, 평등이라는 이상이 더욱 가까워지게 됐다.

# | 음식 만들던 때를 기억하세요? |

*Remember When You Used to Cook?*

그대가 선택한 길과 상관없이, 성공을 위해서 필요한 자질들이 있는데 그 중에서 내가 가장 진심으로 권하고 싶은 것은 자신을 향해 웃을 수 있어야 한다는 것이다.

나는 그런 점에서 항상 딸 알렉산드라에게 의지하여 도움을 받는다. 어느 날 느닷없이 그녀가 이런 말을 했다. "엄마, 저는 엄마가 정말 자랑스러워요. 엄마는 개척자니까요."

나는 얼굴에 미소를 띠며 말했다. "그렇게 말해주다니 고맙구나, 알렉산드라. 내가 여성 의원이라서 개척자 인거니?"

그녀가 대답했다.

"아니요. 엄마가 음식 만드시던 때를 기억하세요? 그러고는 그만 두셨지요? 음, 이제는 요리를 하는 사람이 거의 없지만 엄마는 그 중에서도 거의 첫 번째로 요리를 그만 둔 사람이에요."

나는 다섯 명의 아이들을 위해 20년 동안 요리를 했고 그 이후로, 만들어진 음식을 선호하기 시작했음을 인정할 수밖에 없다. 음식 만들던 때를 기억하세요? 이 말과 함께 알렉산드라는 나를 주방에서 해방시켜 나를 개척자로서 환영해 주었다.

나를 현실로 돌아오게 했던 또 다른 사건은 첫 번째 의원 선거가 있고 이틀 뒤의 일이었다.

나는 내가 이길 수 있도록 도움을 준 사람들에게 감사장을 사서 보내려고 문구점에 갔다. 계산대 뒤에서 일하고 있던 여자가 외쳤다. "난 당신이 누군지 알아요!"

나는 속으로 말했다. 음, 당선된 지 이틀 밖에 안됐는데, 놀라워라. 지역 주민들이 벌써 나를 알아보는구나!

그녀가 "바바라 복서잖아요."라고 말했을 때는 온 몸의 힘이 빠지는 것 같았다.

나와 우리 가족에게는 매우 특별하고, 의회에서도 멋진 의원인 바바라라는 오해를 샀던 만큼 칭찬의 말을 들은 셈이었는데 나는 나를 알아보지 못했다는 것에 조금 기분이 상했다.

나는 말했다. "고맙지만, 저는 바바라가 아니에요."

"맞잖아요." 그녀가 주장했다.

내가 말했다. "아니에요. 저는 낸시 펠로시예요."

계산대 뒤에 있던 여자는 정말 믿을 수 없다는 듯이 말했다. "정말이에요?"

정말이에요?

"네, 정말이에요."

지난 20년 동안 바바라와 나를 착각하는 일이 워낙 많았기 때문에, 결국 우리는 사람들에게 혼동한 것이라고 알리기 위해 노력하는 것도 포기한 상태였다. 우리는 간단하게 "고마워요."라고 말하는 것이 가장 낫다는 것을 깨달았다.

처음 의원이 됐을 때, 의회 경비원은 내가 누구인지 몰랐고, 그래서 내가 의원들만 출입할 수 있는 곳에 들어가려고 할 때마다 몇 번이고 거절을 당했다. 나는 살라의 뒤를 이어 보궐선거로 선출된 특별한 경우로 초선의원들과 함께 의회에 들어간 것이 아니고 혼자서 의회에 갔기 때문이었다.

몇 번이나 이런 대화가 오갔다.

"죄송합니다. 이 곳은 의원들만 들어갈 수 있습니다."

"저도 의원이에요."

"누구시죠?"

"캘리포니아주에서 온 하원의원 낸시 펠로시예요." 거기서 내 이름을 찾아보고 전화를 하는 동안 나는 가만히 그곳에 서 있어야만 했다. 그들이 단지 자신의 할 일을 하고 있다는 것은 이해했지만, 너무 자주 그런 일이 발생했다.

드디어 사소한 사건이 생겼다. 어느 날 내가 들어가려고 하자 의회 경비원이 말했다. "거기 들어가시면 안됩니다. 그곳은 의원들만 들어갈 수 있습니다."

나는 몇 번째인지도 모를 말을 했다. "저도 의원이에요." 이번에는 그 경비원이 미소를 띠며 말했다. "아, 하원의원이시라면 원하시는 곳 어디든 갈 수 있습니다."

며칠 뒤, 의원석에 있는데 한 의원이 문으로 나가 의장실 로비 쪽으로 가는 것을 보았다. 나는 그에게 용무가 있었기 때문에 그를 따라 갔는데, 그러다가 낡은 나무 판으로 만들어진 출입구를 지나가게 됐다.

"거기 들어가시면 안됩니다. 거긴 들어가시면 안됩니다. 멈추세요!" 경비원이 말했다.

"저는 제가 원하는 곳이면 어디든 갈 수 있어요." 나는 선언했다. "저도 의회의 의원입니다."

그는 당황한 듯 보였다. "의원님, 거긴 남자 화장실 입니다."

하원의장으로서, 지금은 의회의사당 안팎에서 나를 알아보는 사람이 더 많아졌다. 사람들은 내게 인사를 하고 싶어 한다. 가끔 그들이 말하고자 하는 것과는 반대로 말하고 있다는 걸 알게 될 때도 있다. 흥분된 상태에서 그들은 이렇게 말하기도 한다. "펠로시 의장님, 의장님은 정말 열렬한 나의 팬이에요!"

그런 일이 최근에도 일어났는데 한 번은 어떤 남성이 다음과 같이 말하는 경우가 있었다. "의장님은 정말 열렬한 나의 팬이에요, 그리고 제 아내에게는 더 열성적이죠!" 요즘 가장 좋아하는 말은 "펠로시 의장님, 나는 의장님의 영웅이에요!" 이다. (너무 감사하다는 말 외에 무슨 말을 더 할 수 있을까?) 가장 최근에는 이런 말을 들었다. "펠로시 의장님, 저의 강아지 이름에 당신의 이름을 붙였어요."

아이들에게는 모든 것을 그들의 눈으로 바라보게 두어야 한다. 내가 하원의장 취임식을 하기 전날, 다섯 살짜리 손자 라이언은 우리의 고정관념을 바로잡아 주었다.

우리는 트리니티 대학에서 있었던 미사에 가기 위해 자동차 행렬 속에서 달리고 있었다. 나의 손자는 오토바이가 나를 호위해 주는 것을 보고 감격하는 것 같았다. 우리는 그가 자신의 할머니 미미(손자들이 나를 부를 때의 호칭)가 하원의장이 된 것에 감탄하고 있다고 생각했다. 그가 말했다. "이게 바로 제가 커서 되고 싶은 모습이에요."

나의 딸이자 라이언의 엄마인 재클린이 물었다. "하원의장이 되고 싶다고?"

라이언이 대답했다. "아니요, 저는 오토바이를 타는 경찰이 될 거예요."

# 14

## | 그대에게 필요한 자질들 |

*The Qualities You Need*

여성 하원의원, 원내 부대표, 원내대표, 하원의장으로서의 내 직업에 대해 나는 가끔 다음과 같이 묘사한다. 아침에 기상, 엄숙한 표정으로 아침 식사, 전투복인 정장을 다 갖춰 입고 전투를 치르게 될 본회의장에 들어선다.

어찌 전투가 아닐 수 있을까? 우리는 수백만 국민의 생활과 안녕에 영향을 미칠 문제들에 대해 결정을 내리고 있는데 각 정당들은 때론 정반대의 의견을 갖고 있으니 말이다.

심지어 우리 정당 안에서도 토론의 열기가 지나칠 때가 있는데, 나는 소통을 단절하는 것은 비생산적이란 사실을 잘 알고 있으므로 최대의 인내심으로 참고 기다린다. 나는 의회에 대화의 다리를 놓으려고 온 것이지, 다리를 태우려고 온 것이 아니다. 이는 공직에 출마한 우리 모두에게 해당되는 말이다.

의회에 있는 의원들은 국민들이 보내준 것이고, 우리는 서로가 서로에게 그리고 모든 지역구 주민들에게 예의바르게 대해야 할 의무가 있다. 나의 취임 선서식 연설에서 나는 토마스 제퍼슨의 "의견이 다르다고 해서 신념이 다른 것은 아니다."라는 말을 인용했다.

그리고 나는 이런 말도 했다. "우리 건국자들의 통찰력과, 국민들의 기대와, 우리 앞의 도전들에 대해 경의를 표하며, 우리는 미국에 봉사하기 위해 당파를 초월해야 합니다. 우리나라의 발전을 위해, 공동의 선을 위한 공통의 장을 찾아 다 함께 나아갑시다. 우리 모두는 정당은 달라도 한 나라를 위해 일하고 있습니다."

나는 우리 모두가 동료이고, 위원회가 될지 본회의장이 될지 자신이 어디에서 투표를 하게 될지 알 수 없으며 그 투표에서 승리자와 패배자가 뒤바뀔 수도 있다고 생각한다. 나는 종종 동료 의원들에게, 내가 처음 이 곳에 왔을 때 들었던 말을 해 준다. "절대, 다시는 안 볼 것처럼 싸우지는 말아라." 린디 보그스로 부터 들었던 좋은 충고였다.

나는 정치를 오래 했던 만큼, 영원한 우정은 있어도 – 내가 분명히 갖고 있기 때문에 진실임을 난 안다. – 영원한 적은 없다는 것을 알고 있다. 당신의 적이었던 사람이 장래에는 당신의 친구가 될지도 모른다.

나는 항상, 의회에서 맺은 연합은 변화무쌍한 커다란 만화경(kaleidoscope) 같다고 말하곤 한다. 만화경을 한번 돌려보는 것 같이 우리 중 일부는 어떤 경우는 성공을 위한 제휴를 맺게 될 것이다. 또 다른 쪽으로 돌아가면, 한 가지 문제에 서로 다른 그룹들이 함께 하게 될 것이다.

의회에서 누군가와 긍정적으로 일을 하기 위해서는 미래에 제휴할 것을 대비하여 씨를 뿌려 놓아야 한다. 가장 최근에 있었던 초당파적 제휴의 예로 2008년에 통과된 경제 부양 정책이 있다. 민주당과 공화당 의원들은 서로 다른 의견을 갖고 협상에 임했지만 오랜 토론 끝에 의견의 일치를 보았다. 그것은 긴급 상황이었다. 우리는 경제 상황을 개선시켜야 할 필요가 있었기 때문이다.

하지만 어떤 사람들은 우리가 합의에 이르는 것을, 특히 그렇게 빠른 시간 안에는 불가능할 것이라 생각했다. 나는 서로의 관심사에 대한 열린 마음이 우리가 의견의 일치를 보게끔 했다고 믿는다. 그리고 중산층과 저소득층 국민들에게 경제적으로 도움이 되어야 한다는 민주당의 목표를 이루는 데 성공하게 되었다.

이것이 바로 상대방 때문에 아무리 화가 나더라도 절대 건너지 못할 선을 긋지는 말아야 하는 이유이다. 상대방에게 열린 공간과 돌아갈 수 있는 방법들을 남겨 주어야 한다.

내가 정치적으로 가장 큰 영향을 받아 온 사람은 오빠인 토미이다. 그는 매우 신실한 가톨릭 신자이기도 하고 좋은 정치인이기도 하다. 나는 좋은 정치인을 많이 알고 있지만 그는 내가 알고 있는 가장 원칙적이고 공정한 정치인이다. 그는 항상 내게 상대방의 처지를 고려하고, 그 입장에서 그들의 생각을 이해하라고 조언한다. 그는 또한 정치를 사적인 것으로 생각지 말 것과, 우정을 담아 말하라고 한다.

토미는 나에게 정치 뿐 아니라 다른 많은 분야에도 적용할 수 있는 소중한 조언을 해 주었다. 그는 말했다. "예산을 잘 파악하고 수치들을 잘 알고 있어야 한다." 그대의 생각이 얼마나 잘 맞을지 얼마의 예산을 지불해야 하는지 알지 못한다면 판단을 제대로 할 수 없다. 과정 및 방법도 잘 알아야 한다. 모든 경우에 다 해당되는 것은 아니지만 우리는 때로 방법을 배우기 위해 몇 사람들에게 의존하고 또 조언을 듣곤 한다. 스스로 방법을 아는 것이 더욱 힘 있는 것이다.

의회에서의 일도, 당면한 주제를 알아야 한다는 점에서 다른 직업과 비슷하다. 모든 일이 당면한 주제에 대해 배우고 행동하는 일이다. 이 점은 남성들이 장악한 분야에서 일하는 여성들에게 특히 중요한 것이다. 그대가 유능하면 다른 이들이 그대를 무시하기 어려워진다.

사실에 근거하여 입장을 주장해야 한다. 주장을 설명하기 위해 일화를 인용할 수도 있지만 사실을 대체하지는 못한다. 세출 위원회에는 이런 말이 있다. "일화들이 자료(data)는 아니다." 내가 정보 위원회와 윤리 위원회에 있을 때 우리는 사실과 규칙, 법만을 고려하도록 훈련받았다.

스스로 무슨 말을 하고 있는지 알아야 한다. 박수갈채를 받기 위한 화려한 연기만 할 수는 없다. 내가 처음 의회에 왔을 때 특별한 재능을 지니고 있으며 정치에도 밝은 나의 친구이자 동료인 조지 밀러가 이런 말을 했다. "워싱턴에는 무료로 울타리의 가지치기를 해주는 서비스가 있어요. 당신은 집으로 돌아오던 사람들이 당신을 알아 볼 수 있게 오랫동안 당신의 머리를 내밀 수 있어요. 그런데 그 시간이 너무 길어지면 가지치기 하는 사람이 나타나고, 당신의 머리는 사라지는 거예요."

그렇게 경쟁이 치열한 의회에서는, 표수를 세야 할 때 유심히 그리고 조심스럽게 들어야 한다. 위원회에 지명되기 위하여, 혹은 지도부 자리에 입후보하는 경우, 동료 의원에게 '노'라는 말을 하고 싶어 하는 의원은 없다. 내가 처음으로 세출 위원회 자리에 입후보 했을 때 나는 선배 의원에게 투표해 줄 것을 요청했다. 그의 신속한 대답에 나는 매우 고무되었다. "누가 후보에 있는지도 모르지만, 나는 당신을 지지해요." 나는 졌고, 그 선배 의원은 내게 표를 주지 않았다. 자신이 했던 말에 대해 묻자, 그가 대답했다. "맞아요. 누가 후보에 있는지 모를 때는 당신 편이었죠. 후보에 누가 있는지 알게 되고는 나는 다른 의원을 지지하게 되었어요."

단어와 억양을 유심히 들어야 하고, 반응에 착각하지 말아야 한다. "당신은 훌륭한 원내부대표가 될 거예요."는 나에게 표를 줬다는 뜻이 아니다. (결국 항상 표 세는 방법으로 돌아온다!)

의회에서 성공하기 위해, 리더는 세 가지에 능숙해야 한다. 정책에 대해 통달해야 하고 정치를 이해해야 하며 사람들을 알아야 한다. 가장 중요한 것은 그들이 얼마나 용감할 것인가이다. 자신의 지역구에 가서 지역구 주민들에게 그 지역에게는 단기적으로 최선인 것이 국가에게 장기적으로 최고의 이익이 되지 못할지도 모른다는 사실을 설명하는 데는 용기가 필요하다.

용기는 마음에서 솟아난다. 나는 종종 우리 후보자들에게 말한다. "단지 있는 그대로 사람들에게 당신 마음속의 그림을 보여줘요." 유권자들은 그대의 마음속에 있는 그 무엇이 바로 그대에게 싸울 용기라는 것을 잘 알고 있다.

샌프란시스코의 어메리칸 컨서버터리 극장에서, 마담 버터플라이(나비부인)의 저자 데이비드 헨리 황과 함께 명예박사학위를 받은 적이 있는데, 그 때 들은 그의 연설이 기억난다. 그는 많은 대학 졸업생들로부터, 브로드웨이에서 성공하니 어떤 기분이 드는지에 대한 질문을 받았다고 했다. 그는 성공이라는 것을 경계해야 한다는 말로 답한다고 했다. 실패는 너무 조용해서 아무도 전화도 주지 않고 아무도 생각을 묻지도 않는다. 반면, 성공은 매우 시끄럽다. 전화기는 계속 울리고 언제나 관심의 한가운데에 있게 된다. 그 모든 성공의 소음 때문에 때로는 그대를 성공에 이르게 했던 그 마음의 소리, 초심의 소리를 들을 수 없게 된다.

부모님으로부터 받은 최고의 선물 중 하나는, 내가 믿는 것을 위한 일에 대한 열정이다. 나의 열정은 모든 아이들을 위한 더 좋은 미래를 만드는 것이다. 그것이 바로, 사람들이 나에게 "무엇이 당신을 이렇게 일하게 만드나요? 무엇 때문에 그렇게 열심인가요?"라는 질문을 할 때마다 항상 같은 대답, "다섯 명 중 한명 때문입니다."라고 답하는 이유이다.

나의 정치 생활과 개인적 일상에서 동기를 불어 일으키는 요인은 미국에서 다섯 명 중 한 명의 아이가 빈곤한 삶에 처해 있다는 사실이다. 나는 아침에 눈을 뜰 때마다, 그들이 굶주린 배로 전날 밤 어떻게 잠을 잘 잤을 지에 대해 생각한다. 나의 동료들이 절망적인 하루를 보내고 "왜 이런 일을 해야 하는 겁니까?"라고 물을 때 이렇게 답한다. "기억하세요. 그건 다섯 명 중 한 명을 위한 일이에요."

그것은 또한, 나의 하원의장 취임 기념 활동을 트리니티 대학에서 다르푸르와 카트리나의 어린이들에게 바치는 미사로 시작했던 이유이기도 하다. 고통 받는 아이들의 사진 앞에 서서, 로버트 드라이넌 신부님과 데이비드 사퍼스타인 랍비께서는 우리에게 세상의 모든 아이들을 돕는 용기를 가져달라고 요청했다.

우리는 이 어린이들에게 더 좋은 미래와 꿈을 쫓을 기회를 갖도록 해야 한다.

# 15 | 하원의장과 대통령 |

*The Speaker and the President*

내가 조지 부시 대통령을 처음 만난 것은 그가 텍사스 주지사로 있으면서 대통령 후보로 출마했을 때였다. NBC 뉴스에서 그의 선거운동을 취재하던 나의 딸 알렉산드라를 통해서 소개 받았다.

알렉산드라는 "조지 부시와의 여행(Journeys with Bush)"이라는 다큐멘터리 영화를 만들 예정으로, 그가 캘리포니아 오클랜드의 집회에 왔을 때는 이미 거의 1년 반 동안 그의 선거운동을 따라 다니던 중이었다.

기자들이 취재를 하고 있는 동안, 남편 폴과 나는 폴 주니어를 데리고 알렉산드라와 점심식사를 하기 위해 호텔에 갔다. 즐겁게 점심식사를 하고 있는데 부시 주지사의 비서들이 우리를 향해 오더니 알렉산드라에게 말했다. "주지사님이 당신의 부모님을 만나고 싶어 하십니다."

매번 나는 같은 대답을 했다. "정말 친절하시네요. 하지만 우리는 알렉산드라를 보기 위해 이 곳에 온 것이고, 대통령 후보께 부담을 주고 싶지 않아요. 그 분이 바쁘다는 걸 잘 알아요."

마침내 한 비서가 내가 그것을 특별대우처럼 느낀다는 것을 눈치 채고는 이렇게 말했다. "누구든지 부모님이 오시면 마찬가지로 그분들께도 안부 인사를 전했을 거예요."

우리는 그를 만나러 갔다. 로라 부시도 그 곳에 있었는데, 그 부부는 매우 상냥했다. 나는 주지사가 유머 감각도 있고 솔직하게 의견을 나누는 데도 큰 신경을 쓰지 않으리라는 것을 알고 있었다.

"자, 제가 캘리포니아주에 왔습니다." 그는 싱긋 웃으면서 말했다.

내가 대답했다. "환영합니다, 주지사님. 하지만 우리가 주지사님이 이기지 못하도록, 그리고 민주당 후보가 당선될 수 있도록 가능한 모든 노력을 하고 있다는 점에 대해 이해해 주세요."

"이 나라는 정말 좋은 나라지요?" 그가 아내에게 윙크를 하며 말했다. 그리고 우리에게 "알렉산드라는 정말 멋진 소녀에요. 주변을 즐겁게 만들죠."

나는 알렉산드라를 안아주며 말했다. "고맙습니다. 우리도 그렇게 생각해요."

그 때가 2000년이었다. 물론 지금 그는 미국의 대통령이고 나는 하원의장이다. 전통적으로 그 둘의 관계는 매우 중요하다. 나는 데니스 헤스터트가 하원의장직에 있을 때, 대표들 회의에서 대통령이 그를 어떻게 대하는지 봤기 때문에, 대통령이 하원의장에게 존경심을 갖고 있다는 것을 알고 있다. 그리고 내가 하원의장이 됐을 때, 대통령에게 그 때와 똑같은 수준의 대우를 받는다는 것은 나로서는 흥미있는 일이었다.

우리는 사적으로는 좋은 관계를 맺고 있었지만 쟁점에 대해서는 매우 큰 의견 차이를 갖고 있었다. 특히 이라크 전쟁과, 수백만의 미국 어린이들에게 의료보험을 제공하는 문제에 대해서는 의견차가 컸는데, 의료 보험에 대해서 대통령은 예산을 감당할 수 없다고 말했다. 이 두 가지 이슈는 서로 연관된 이슈이다.

이라크에서 부시 행정부의 전쟁 이야기는 끝없는 오류들로 가득 찬 혼란스러운 이야기이다. 정보위원회에서 이라크 전쟁에 관한 투표를 할 때 정부에서는 일촉즉발의 위기라고 주장했지만, 정보부는 그 의견을 지지하는 입장이 아니었고 나 역시도

반대표를 던졌다고 기자들에게 말했다.

그러자 기자가 물었다. "의장님은 지금 대통령을 거짓말쟁이라고 말씀하시는 겁니까?"

나는 대답했다. "저는 사실을 말씀드리고 있습니다."

정부의 주장과 다른 정보들이 밖으로 흘러나오면서 상황에 대한 근거 없는 위협과 진술들이 확산되기 시작했다.

- "우리는 재래식 전투가 핵전쟁으로 확산되는 걸 결코 원치 않는다." – 국무부 장관 콘돌리자 라이스, 2002년 9월8일
- 이라크 국민의 입장에서 볼 때, 우리는 그들을 해방시켜 줄 존재로 환영 받을 것이라고 믿는다. – 부통령 딕 체니, 2003년 3월 16일
- 우리는 재건 자금을 스스로 마련할 수 있는 나라와 거래하고 있고, 그 날은 상대적으로 빨리 올 것이다. – 국방부 부장관 폴 울포비츠, 2003년 3월 27일

2003년 3월 19일 성 요셉 축제 날 나는 콘돌리자 라이스로부터 전화를 받았다. "대통령께서 우리가 한 시간 안에 이라크를 공격할 것이라는 사실을 의원님께 알리라고 하셨어요."

나는 물었다. "왜 지금이죠? 우리는 아직 외교적인 방법이나

정밀 사찰 등 동원할 수 있는 모든 방법을 다 쓰지는 않았는데요.”

그녀는 우리가 그날 밤 이라크를 공격하면 “생명들을 구하게 된다”고 말했다. 전화 통화에서 그녀가 모든 것을 말하지는 않았지만 나는 그 이유를 나중에 알게 됐다. 정부는 그 날 밤 사담 후세인을 죽일 수 있다고 생각했던 것이다.

하지만 정부는 대량 살상무기의 위협이나, 우리 군에 대한 이라크인들의 반응, 그리고 전쟁비용을 지불할 주체에 이르기까지 모든 것을 잘못 짚었다.

‘핵전쟁 가능성’에 대해서도 사찰 결과 대량 살상무기의 위협은 찾아 볼 수 없다는 결론이 나왔다.

장미꽃잎들과 함께 ‘해방군으로서 환영’을 받는 대신 우리 군대는 로켓 추진식 수류탄 공격과 시내 도처에서 폭탄 세례와 맞닥뜨려야 했다.

“재건 비용을 스스로 감당하고 그 날이 일찍 오기”는 커녕, 이라크가 초과 예산을 짜는 동안 우리는 그들의 기반시설을 구축하는 데에 수백억 달러를 썼다.

그날 밤 “생명들을 구하기”위해서 이라크에 갔던 것과 관련하여 지난 5년간의 일들이 미국 국민들에게 이미 잘 알려져 있다. 2008년 부활절 주말 현재까지 4천명이 넘는 미국인들과 수

십만 명도 훨씬 넘는 이라크인들이 사망했고 아직까지도 끝날 기미가 보이지 않는다.

2003년에 부시 대통령이 링컨함(USS Lincoln)[32]에서 이라크 침공의 성공을 발표한 얼마 후 지도부 오찬이 있었다. 내가 말했다. "대통령께서는 우리가 임무를 – 그 임무가 무엇이든 – 완수했다고 선언하셨죠. 우리나라의 강대한 힘을 보여줬으니 이제는 우리의 위대함을 보여주는 것이 중요하다고 생각합니다."

그가 물었다. "무슨 뜻입니까?"

내가 대답했다. "제 말은 이제 우리의 관대함을 보여줄 시기라는 겁니다. 이슬람 세계에 우리가 그들을 존중한다는 것과, 많은 이들이 말하는 것처럼 단지 석유 때문에 그 곳에 간 게 아니라는 걸 보여주자는 것이죠. 저는 우리가 왜 거기에 갔는지 모르겠어요. 하지만 이제는 우리가 이슬람 세계에 손을 뻗을 때가 왔어요. 아랍의 지식인들과 해외의 아랍인들까지 우리가 이제 어떻게 행동할지 지켜보고 있으니까요."

그는 성급해 보였다. "우리는 아랍 지식인들이나 해외 아랍인들과는 아무런 갈등이 없습니다. 그건 프랑스 얘기지요. 그들은 우리에게 대항해 우물에 독을 퍼뜨렸습니다. 나는 그걸 잊지 않

32 항공모함

을 겁니다."

이것이 바로 미국 대통령의 꽉 막힌 시각이었고 자신의 판단을 따르기를 우리에게도 바라고 있었다.

2006년 의회선거에서 우리는 계속해서 의회를 장악할 수 있게 됐는데 그것은 미국이 이라크에서 철수하라는 미국 국민들의 메시지였다. 나는 당연히 대통령과 공화당 의원들이 국민의 바램을 존중할 것이라고 생각했다. 나는 우리가 중동의 안정을 위한 계획에 합의하고, 동시에 아프가니스탄에서의 테러와의 전쟁에 다시 주의를 집중하면서 이라크에서 철수하는 방법에 대해서도 공통된 입장을 찾을 수 있길 바랐다.

하지만 그것은 대통령의 안중에 없는 일이었다.

우리는 대통령에게 미국 군대를 이라크로부터 책임 있고 명예롭고 안전하게 철수시키기를 요청하는 법안을 보냈는데 대통령은 거부권을 행사했다. 우리는 대통령으로부터 다음과 같은 메시지를 받았다. 나는 아무 것도 다르게 하지 않을 것입니다.

대통령이 '끝없는 전쟁'에 집착하고 있다는 것이 분명해졌다. 잘못된 전제로 시작되었고 그래서 아무런 계획도 전략도 없이 퇴역 군인을 위한 연금을 깎아가면서 강행했지만 군인들을 위한 시설이나 적절한 훈련도 이루어지지 않는 전쟁을 벌이고도 그런 집착을 보이고 있었다.

어떠한 반대의견에도 눈감아 버린 대통령이 벌인 전쟁 때문에 우리나라는 커다란 고통을 겪고 있다. 무엇보다도 4천명이 넘는 소중한 미국인의 생명을 잃었을 뿐 아니라, 수만 명의 사람들이 부상을 당했고 그들 중에는 평생 안고 가야 할 부상을 입은 이들도 많다. 또한 계속되는 이동에서 야기되는 이혼과 스트레스 등의 문제를 겪을 군인의 가족들도 걱정이다. 우리 군인들에 대한 존경과 그들의 희생을 기리는 의미에서, 민주당은 보훈부의 77년 역사 중 그들의 의료혜택을 가장 많이 증가시키는 법안을 표결에 붙였었다.

이라크 전쟁은 대외적으로 미국의 평판에 심각한 타격을 주었다. 그리고 이라크 전쟁으로 인해 아프가니스탄에서의 진짜 테러와의 전쟁에 대해서는 관심이 멀어졌기 때문에, 우리는 지금 예전 보다 더욱 테러에 취약해진 상태다. 그러는 동안 군이 준비를 갖추는 데 든 전쟁 비용은 부끄러울 정도인데, 이미 대통령의 몇 명 자문역들의 입을 통해서도 잘 알려져 있다.

2~3조 달러 이상으로 추정되는 어마어마한 액수는 경악스러울 정도다. 우리가 그 돈으로 무엇을 할 수 있었는지, 그 잃어버린 기회들을 생각하면 슬퍼진다. 우리가 전쟁에서 쓴 재원으로 벌일 수 있었던 일들은 어떤 것들이었을까? 어떤 훌륭하고 새로운 아이디어는 비용이 부족하다는 이유로 미뤄지거나 어쩌면

빛도 못 보게 되었을 것이다.

나는 이글의 앞에서 어린이에 대한 의료혜택 분야가 나와 대통령 사이에서 가장 큰 의견 차를 보인 것 가운데 하나라고 언급한 바 있다. 의회에서 초당적 다수의 강력한 지지를 얻어 천만 명의 어린이가 의료혜택을 더 받을 수 있도록 확대하는 S-CHIP 법안이 통과되었다. 대통령은 우리가 그 비용을 감당할 수 없다며 초당적 법안에 거부권을 행사했다. 이라크에서의 40일 동안 쓴 비용이라면 천만 명의 미국 어린이들을 1년 동안 지켜줄 수 있었다.

한번 생각해 보시라. 이라크에서의 40일로 천만명의 어린이들에게 1년 동안 의료혜택을 줄 수 있다는 점을.

그런데 대통령은 우리들이 감당할 수 없는 비용이라고 했다.

우리 하원에서는 공화당 표를 얻기도 했지만 대통령의 거부권을 번복시키는 데는 역부족이었다.

S-CHIP 실패가 있은 뒤 나는 새로운 방법으로 건강문제들의 틀을 짜기 위해 과학자, 의료 전문가, 지역의 시민운동가들, 그리고 노사 대표들과 함께 연이은 대화를 가졌다. 미국 국민들이 의료혜택에 좀 더 쉽게 다가가는 방법에 대한 토론이 이어졌고, 한편으론 어떤 종류의 의료혜택이 가능할는지에 대해서도 논의했다.

어떤 뛰어난 학자 한분은 우리에게 미국의 의료복지 모델은 시대에 뒤진 것이라고 솔직히 말했다. 그것은 마치 1950년대에 소아마비와 싸우는 가장 좋은 방법으로 우리가 그랬던 것처럼 소아마비를 없앨 백신을 연구하는데 투자하는 대신 가장 그럴듯한 강철로 만든 폐를 만드는 것이 좋다고 말했던 것과 같은 맥락이다.

이제 무너뜨려야 할 시간이 왔다. 이제는 예방의학과 바이오의학 분야에 과감한 투자를 바탕으로 한 새로운 모델을 만들어야 할 때다. 미국에서 가족 중에 암에 걸린 사람이 한 명도 없는 경우는 없다. 매년 미국에서는 55만명의 사람들이 암으로 사망한다. 하루에 1천5백명인 셈이다. 우리는 1년 동안 55억 달러를 암 연구에 사용하는데 그 돈은 이라크에서 2주 동안 쓰는 돈보다 적은 비용이다.

오늘 현재에도 장래가 유망한데도 불구하고 연구비를 지원받지 못하는 암 연구가 허다하다. 이는 참으로 부도덕한 일이다.

이라크에서 쓰는 돈의 일부를 돌려서 의료에 사용한다면 어떨지 상상해 보면 좋겠다. 미국 국민들이 받게 될 혜택이 얼마나 클는지 생각할 수 있지 않은가. 하지만 부시대통령은 우리가 예산보다 1달러라도 더 사용하려고 하면 그 법안을 거부하겠다고 말하고 있다.

백악관은 기초 바이오의학 분야에는 1달러도 더 쓸 수 없지만 이라크에서는 일주일 동안 20억 달러도 넘게 쓸 수 있다고 주장하고 있다!

이제 그만 이라크 전쟁을 끝내고 암, 당뇨, 알츠하이머, 파킨슨씨병, 심장병, 에이즈, 그리고 그 밖의 다른 병들과의 진정한 전쟁을 하자.

부시 대통령은 우리를 전쟁으로 데려갔고, 그 전쟁은 우리에게 빚을 떠안겼으며, 그로 인해 우리는 경기 침체를 겪게 됐다. 우리에게는 국내에서 좋은 일자리들을 만들어낼 새로운 방법이 필요하다. 신기술과 과학에 투자하고, 미국의 제반시설을 재정비하고, 교육과 의료혜택을 통해 미국의 가정을 튼튼하게 하며 우리의 지구를 보존하는 방법들로 말이다.

내가 하원의장이 된 이후로 가장 중요하게 여긴 문제들은 에너지 안보와 지구 이상기후의 위기를 다루는 것이었다. 우리는 앞으로 30년 동안 연료 효율기준을 높인다는 내용을 포함한 초당파적인 에너지 법안을 통과시키는 데 성공했다. 에너지 안보는 국가 안보, 경제, 환경, 건강, 도덕적인 문제이기도 하다. 이 지구는 신의 창조물이고 우리에게는 이를 잘 보존해야 할 도덕적 책임이 있다.

내가 가장 존경하는 하원의장은 팁 오닐이다. 레이건 대통령과의 의견 차이에도 불구하고, 그는 사회보장 제도를 살리기 위해 당파를 아우르는 방식으로 일을 할 수 있었다. 이것은, 그 두 분이 모두 상대의 의견을 들으려 하고 기꺼이 타협하고자 했기 때문에 가능했다. 나는 미국 국민들과 의회가 우리의 새 대통령에게 새로운 방향으로 나라를 이끌어 갈 기회를 줄 것이라고 확신한다. 나는 미국의 모든 목소리가 경청되도록 우리 모두가 함께 노력할 때 미국이 진정한 위대함을 성취하리라 생각한다.

# 가장 중요한 것

*What Matters Most*

워싱턴에서 맹렬히 활약을 하는 와중에서도, 우리의 모든 여성들이 일과 가정 사이에 균형을 잡으려고 노력하듯이 나도 선택을 해야 할 때가 있다.

한 예를 들자면 나의 딸인 낸시 코린이 출산을 앞두고 있던 몇 년 전의 경험을 들 수 있다. 그 당시 클린턴 대통령이 중동에 가게 되어 있었는데 나도 클린턴 대통령과 동행할 예정이었다. 나는 국제관계 세출분과위원회의 고참 의원인데다 그 여행은 클린턴 정부의 대규모 해외 정책의 일부였다. 대표단의 일원이라는 것 자체가 명예로운 일이었고 외교부문에서 나의 역할의 중요함을 보여주는 것이기도 했다.

나는 달력을 보며 생각해 보았다. 만약 모든 일이 정해진 대로 잘 된다면 중동에 다녀와도 딸의 출산예정일에는 돌아와 있을 수 있었다.

떠나기로 한 날 아침 앤드류 공군기지로 가기 위해, 공군이 워싱턴의 내 아파트로 5시 30분까지 데리러 오기로 되어 있었다. 전날 밤, 나는 가방을 챙겨놓고 잠자리에 들었다.

그리고 얼마 후 전화벨이 울렸다.

처음에 나는 자명종이 울린다고 생각했다. 그 전화는 공군에서 온 전화가 아니었다. 샌프란시스코에 있는 남편 폴의 전화였다. 그가 말했다. "당신이 선택해야 겠어요. 중동에 가든지 아니면 아리조나로 가서 새로 태어나는 손주를 보든지."

낸시 코린은 예정일 보다 일주일 앞서 진통이 온 것이었다. 나의 선택은 분명했다. 나는 말했다. "짐도 다 싸 있어요."

아마도 모든 여성들이 나와 같은 결정을 내렸을 것이다. 나는 공항으로 달려가 피닉스로 가는 첫 비행기를 탔다. 비행기 안에서 4시간 내내 나의 딸과 아기를 위해 기도했고 서둘러 비행기에서 내려 택시를 잡아타고, 병원으로 가는 가장 빠른 길로 가자고 부탁했다. 급하게 병원 엘리베이터를 타고 분만실 복도로 달려갔더니 낸시 코린과 새로 태어난 아기가 막 나오고 있었다.

아빠가 된 내 사위 제프 프라우다가 나보다 먼저 도착해 있던, 할아버지 폴 펠로시가 기다리고 있던 병실로 침대를 밀며 가고 있었다.

"딸이니, 아들이니?" 나는 숨 쉴 겨를도 없이 물었다.

"딸이에요." 우리 손녀 마들렌이 세상에 태어났던 것이다. 아기는 너무나 예뻤다. 다시 말하지만 내가 중동이 아닌 피닉스로 갔던 선택은 전혀 어려운 결정이 아니었다. 전혀...

다섯 명의 아이를 둔 젊은 엄마였던 나는, 누구라도 중요한 순간을 놓치고 싶어 하지 않는다는 걸 잘 안다. 그 중요한 순간은 되돌릴 수 없는 순간이다. 나는 내 딸이 막 태어난 자신의 딸을 안고 있는 모습을 놓칠 수 없었다.

마들렌은 균형 잡힌 작은 소녀로 자라고 있다. 나의 하원의장 취임식이 있던 전날 나는 지금은 고인이 된 텍사스 주지사인 앤 리차드와 내가 하원의장이 될 수 있게 도와준 다른 여성들에게 감사를 표하는 다과회를 열었는데 그 곳에서 마들렌이 짧은 연설을 했다.

"나의 할머니는 첫 번째 여성 하원의장이 되세요." 여덟 살짜리의 진심을 모두 담아 마들렌이 말했다. "할머니가 이 일을 하시게 되어서, 제 생각에는 더 많은 여성들이 할머니와 같은 직업을 가질 수 있게 될 것이고 그건 정말 대단한 일이에요."

그 연설문은 마들렌이 직접 쓴 것으로 그 곳에 있던 모두에게 감동을 주었다. 물론, 그 아이의 자랑스러운 할머니인 나를 포함해서 말이다.

그 다음날 의회 의사당에서 하원의장 취임식이 열렸는데, 취임식이 열릴 때는 의례적으로 의원들이 자신의 가족들을 동반하므로 나의 취임 선언식에도 많은 어린아이들이 와 있었다. 의회에서 신 바람난 아이들을 보고 나는 관례를 깨고 모든 아이들을 연단에 있는 나의 손주들과 함께 앉게 했다.

내가 의장의 의사봉을 두드렸던 그 순간은 이미 언급했듯이 미국 여성들 뿐 아니라 의회에도 역사적인 순간이었다. 또한 어린이들과 그들의 미래가 승리한 순간이었다. 역사상 처음으로, 의장이 "모든 미국의 어린이들을 위하여 하원은 질서를 지킬 것입니다."라는 말로 의회를 개원했다.

나는 내가 정치에 몸담게 된 것 자체가 엄마 역할의 확장이라고 생각한다.

무엇보다도 나는 아내이고 엄마이며 할머니다. 만약 내가 다섯 아이의 엄마이고 지금은 할머니가 된 것 이외에 아무 일을 하지 않았어도 나는 내 인생을 행복한 성공이라고 생각했을 것이다.

낸시 코린의 웃음 소리를 듣고, 크리스틴의 목소리를 들으며,

재클린의 미소를 보고, 폴 주니어의 활기참에 감사하며 알렉산드라의 유머를 즐기는 것은 내 인생의 즐거움이다. 같은 가족, 같은 환경에서 자라난 다섯 명의 훌륭한 아이들, 그러나 각자의 개성은 아주 상이한 나의 아이들.

낸시 코린이 태어났을 때 볼이 장밋빛을 띠었기 때문에 나의 어머니는 낸시 코린을 '작은 핑크 공주'라고 불렀다. 몇 년 후 두 살 반의 나이에 동생들을 돌보는 낸시 코린에게 나의 아버지는 '작은 보스'라는 별명을 붙여 주었다. 캘리포니아주에서의 첫 날 밤, 낸시 코린은 네 살이었는데 할머니 나나의 집에 들어갔을 때, 누구든지 아기의 입술에 뽀뽀하면 안되고 아기를 만질 때는 그 전에 먼저 손을 씻으라고 말했다. "입술에는 안돼요." 라고 입버릇처럼 말했다.

폴과 내가 알렉산드라를 집으로 데려왔을 때, 그 때는 낸시 코린의 여섯 번째 생일이 있는 주일이었다. 그녀는 밖에 나와 기다리다가 자동차 문이 열리자 팔을 벌리며 말했다. "제가 아기를 안을께요."

자라면서 낸시 코린은 식품점에서 먹을 것을 사는 동생들을 감시하곤 했다. 때로는 동생들의 호감을 사기 위해 우리 집에서 금지된 달콤한 시리얼을 몰래 갖고 들어올 수 있도록 허락해준 적도 있다.

그녀는 훌륭한 엄마이고 남편 제퍼슨에게도 훌륭한 아내일 뿐 아니라, 할머니인 나나와 나의 부모님에게도 사랑스럽고 세심한 손녀였다. 또한 가족들과 친구들을 돌보는 것을 무척 좋아했다. 그녀가 사람을 대접하는 일을 하게 된 것은 당연한 일이었다.

낸시 코린과 제프에게는 두 아이가 있는데 한 명은 우리의 첫 번째 손자인 알렉산더이고 다른 한 명이 마들렌이다. 열한 살인 알렉산더는 운동을 좋아하고 가난한 사람들을 걱정하며, 마들렌을 보살핀다. 마들렌은 이제 아홉 살이고 학교와 축구를 사랑하며 애완동물이 없는 점만 빼면 모든 것이 완벽하다고 말하는 아이다.

둘째 딸 크리스틴은 캘리포니아주 변호사 시험에 합격하면서 내 어머니의 꿈을 충족시켜 드렸다. 크리스틴은 태어날 때부터 거의 책에 코를 박고 살았다. 크리스틴의 결혼식 날 폴이 말하길 크리스틴은 우리 아이들 중 유일하게 "그 책 좀 내려놓고 밖에 나가서 놀아라."라는 말을 들은 아이였다고 했다. 어느 날 내가 그녀에게 길 건널 때 조심하라고 외쳤더니 "이 세상의 모든 멋진 사각형들을 생각하느라" 바쁘다고 대답했던 아이다.

크리스틴은 항상 형제들 중 가장 정치에 관심이 많은 아이였다. 어린 소녀였을 때도 장을 보러 나가면 그녀는 아무것도 사지 않는 것이 노동자들을 돕는 것이라고 확신하듯 말하곤 했다. 캘리포니아주 농장의 노동자들이 파업 중이었기 때문에 우리는 당연히 캘리포니아산 포도를 사지 않았다. 그러나 그녀의 운동가적 기질이 다른 아이들이 가장 좋아하는 과자에 까지 미쳤을 때 다른 아이들은 반발하며 말했다. "엄마가 말씀하시길 정치가 우리의 생활까지 방해하지 않는다 하셨잖아요." 크리스틴의 사랑인 책과 정치 이 두 가지가 자신이 쓴 책인 캠페인 부트 캠프(Campaign Boot Camp)에 녹아나 있다.

크리스틴과 남편 피터, 아들 옥타비오는 모두 스포츠 광이다. 크리스틴은 모든 스포츠 관련 통계를 꿰뚫고 있으며 자이언츠 팀의 경기를 가까이에서 즐기기 위해 AT&T Park으로부터 이사를 하기도 했다.

셋째 딸 재클린은 너무나 귀여워서 나의 아버지는 "작은 프랑스 케익(Little French Pastry)"이라고 불렀다. 여리고 친절한 재클린은 항상 남들을 배려하는 질문을 했다. 아이들이 어렸을 때 우리는 드레이크[33] 선장의 골든 하인드(Golden Hind)[34] 복제 배

---

33 엘리자베스 1세 시대의 영국의 항해가 · 제독. 서인도 방면에 약탈 원정을 감행했고 신대륙을 지나다니며 스페인 국적의 상선을 무차별적으로 나포한 해적이기도 함. 1581년 sir의 칭호를 받은 영국의 영웅이기도 하다.

34 드레이크 선장의 함대, 약탈한 황금이 가득한 배의 모습이 마치 살찐 암사슴 같다 하여 붙여진 이름

에 간 적이 있다. 모든 아이들이 질문을 하고 있었다. 배는 얼마나 큰가요? 배는 얼마나 빨리 항해할 수 있나요? 그 배를 타면 영국에서 미국까지 얼마나 걸리나요?

그러는 동안 재클린은 선원들에게 바다에 있는 것이 좋은지, 집에 가면 가족이 있는지, 다음에 하고 싶은 일은 무엇인지 등을 물어 보았다. 재클린은 특별한 도움이 필요한 아이들에게 창작 예술을 가르치는 아트 믹스(Art Mix)를 휴스턴에서 시작했다.

재클린과 남편인 마이클에게는 리암, 숀, 라이언이라는 세 아들이 있고 강아지 벨라와 함께 산다. 세 아이들은 모두 유 투(U2)[35]의 팬이다. 열한 살인 리암은 아이들 가운데 대장으로, 학교와 운동, 미술을 좋아한다. 언제나 보노(Bono)[36] 스타일을 고수하는 숀은 아홉 살인데 3살 때부터 유 투의 모든 노래를 외우고 다녔다. 라이언은 여섯 살로, 우리의 오토바이 경찰이다. - 아니면 긴급 구조대. 그들 모두는 보노를 한 번 이상 만났고, 보노와 엣지(Edge)[37]가 좋은 친구들이라고 생각한다. 유 투의 '엘리베이션' 은 그들이 가장 좋아하는 노래 중 하나이고, 지구의 빈곤과 에이즈 문제와 관련해 보노와 함께 일하는 내 모습을 본

35 아일랜드 출신의 4인조 락밴드
36 U2의 보컬
37 U2의 기타리스트

아이들의 눈에 할머니는 더 멋진 사람이 되었다.

넷째이자 유일한 아들인 폴 주니어는 키가 크고 스포츠를 좋아한다. 대학 때 전국육상 대회에도 출전했다. 모두들 아버지를 꼭 닮았다고 말한다. 하지만 나는 골고루 닮았다고 말하는데 폴 주니어를 보면 나의 남자형제들이 떠오르기 때문이다. 조지타운 대학에서 학사와 경영학 석사를 마쳤고 법학박사 학위도 갖고 있다. 나와 함께 했던 워싱턴에서의 8년은 즐거운 시간이었다. 그는 추수감사절 칠면조 요리를 하기도 했고 크리스마스 트리를 장식하는 역할을 하기도 했다.

그가 여자 형제들과 여자 친구들을 피해 에피스코팔 고등학교에 가긴 했지만, 폴 주니어는 언제나 좋은 동생이고 오빠였다. 그와 알렉산드라는 자라면서 특히 친했다. 예전 가족사진을 보면 알렉산드라가 넘어지지 않게 항상 알렉산드라 어깨 위에 손을 올려 놓았던 것처럼 보인다. 그는 좋은 삼촌이자 대부이기도 하다. 나는 그가 환경과 기상 위기에 대해 해박한 지식과 열정으로 얘기하는 것을 들으며 많은 것을 배우고 있다. 폴은 우리 집에서 세계 여행을 가장 좋아하는 사람이지만, 언제나 샌프란시스코의 집으로 돌아온다.

알렉산드라는 고등학교 때 처음 언론과 관계를 맺었는데, 샌프란시스코 대학의 라디오 방송국에서 교대 근무를 하기 위해

밤마다 몰래 집에서 빠져 나가곤 했다. 물론, 폴과 나는 몇 년이 지난 후 까지 그 사실을 알지 못했지만, 지금도 그 생각만 하면 몸이 떨린다. 알렉산드라는 대학을 갈 때 로욜라 매리마운트에만 지원했는데, 그 이유는 그 학교가 미국에서 가장 좋은 라디오 방송국을 갖추고 있기 때문이었다. 또 남가주대학(USC)의 애넌버그 스쿨에서 석사학위를 받았다.

나나의 장례식에서 알렉산드라가 했던 믿음의 기도는 "모든 어머니들이 나나를 본받아 자녀들이 필요로 하는 사랑이 마음속에 충만하기를" 이었다.

유쾌하고 엉뚱하며, 남편 마이클과의 열정적인 사랑으로 두 명의 귀여운 아들을 둔 알렉산드라는 요즘 자신이 완전한 뉴요커라고 말하지만 실상 우리 아이들 중 유일하게 샌프란시스코에서 태어난 아이였다. 알렉산드라의 사랑스러운 두 아들 폴리와 토마스는 각각 19개월과 6개월 된 아이들로 둘 다 벌써부터 음악에 맞춰 몸을 흔들기도 한다.

내가 처음 하원의장으로 선출 됐을 때 나는 전 세계의 여성들과 소녀들로부터 축하의 전갈을 받았다. 흥미로웠던 것은 나의 성공에서 소녀들을 위한 새로운 기회가 열리는 것을 보았던 딸을 둔 수많은 아버지들로부터 받은 축하 메시지였다. 항상 폴이 딸들에게 가졌던 특별한 마음과 비슷했기 때문에 나는 아버지들의 축하에 감사했다.

내가 좋아하는 메시지 중의 하나는 엘레노 루즈벨트[38]의 말을 인용하는 것으로 시작되는 메시지였다. "미래는 자신의 꿈이 아름답다고 믿는 사람의 것이다." 얼마나 멋진 표현인가! 우리의 미래에 한계가 없고, 우리의 아름다운 꿈에도 한계가 없는, 미국이라는 나라에서 여성으로 태어났다는 것이 정말 멋지고 신나는 순간이기도 하다.

우리가 우리 안의 숨겨진 힘을 깨닫기만 한다면, 우리 앞에는 계속해서 선택의 장이 펼쳐질 것이고 우리는 계속해서 앞서 나아갈 것이다.

그 힘의 원천은 우리를 이끌어 준 다른 선각자일 수도 있다. 역사적으로 우리를 위해 길을 닦아줬던 용기 있는 여성들일 수도 있다. 또한 우리의 뿌리, 우리에게 힘을 주는 가족으로부터 나올 수도 있다. 그리고 그 힘은 우리 안에 있는 신념과 소양, 가치로부터 나와야만 한다.

그대 안에 숨겨진 힘을 깨닫기 바란다.

---

38 루즈벨트 대통령 때의 first lady

그대가 그 힘을 깨달을 때, 다른 사람들도 그대의 힘을 알게 될 것이다.